建筑百科大世界丛书

桥梁建筑

谢宇　主编

花山文艺出版社

河北·石家庄

图书在版编目（CIP）数据

桥梁建筑 / 谢宇主编. -- 石家庄：花山文艺出版社，2013.4（2022.3重印）
（建筑百科大世界丛书）
ISBN 978-7-5511-0881-2

Ⅰ.①桥… Ⅱ.①谢… Ⅲ.①桥梁工程−建筑艺术−世界−青年读物②桥梁工程−建筑艺术−世界−少年读物
Ⅳ.①U44-49

中国版本图书馆CIP数据核字(2013)第080458号

丛 书 名：建筑百科大世界丛书
书　　名：桥梁建筑
主　　编：谢　宇
责任编辑：李倩迪
封面设计：慧敏书装
美术编辑：胡彤亮
出版发行：花山文艺出版社（邮政编码：050061）
　　　　　（河北省石家庄市友谊北大街 330号）
销售热线：0311-88643221
传　　真：0311-88643234
印　　刷：北京一鑫印务有限责任公司
经　　销：新华书店
开　　本：880×1230　1/16
印　　张：10
字　　数：151千字
版　　次：2013年5月第1版
　　　　　2022年3月第2次印刷
书　　号：ISBN 978-7-5511-0881-2
定　　价：38.00元

编 委 会 名 单

前　言

　　建筑是指人们用土、石、木、玻璃、钢等一切可以利用的材料，经过建造者的设计和构思，精心建造的构筑物。建筑的目的是获得建筑所形成的能够供人们居住的"空间"，建筑被称作"凝固的音乐""石头史书"。

　　在漫长的历史长河中留存下来的建筑不仅具有一种古典美，而且其独特的面貌和特征更让人遥想其曾经的功用和辉煌。不同时期、不同地域的建筑各具特色，我国的古代建筑种类繁多，如宫殿、陵园、寺院、宫观、园林、桥梁、塔刹等；现代建筑则以钢筋混凝土结构为主，并且具有色彩明快、结构简洁、科技含量高等特点。

　　建筑不仅给了我们生活、居住的空间，还带给了我们美的享受。在对古代建筑进行全面了解的过程中，你还将感受古人的智慧，领略古人的创举。

　　"建筑百科大世界丛书"分为《宫殿建筑》《楼阁建筑》《民居建筑》《陵墓建筑》《园林建筑》《桥梁建筑》《现代建筑》《建筑趣话》八本。丛书分门别类地对不同时期的不同建筑形式做了详细介绍，比如统一六国的秦始皇所居住的宫殿咸阳宫、隋朝匠人李春设计的赵州桥、古代帝王为自己驾崩后修建的"地下王宫"等，内容丰富，涵盖面广，语言简洁，并且还穿插有大量生动有趣的"小故事"版块，新颖别致。书中的图片都是经过精心筛选的，可以让读者近距离地感受建筑的形态及其所展现出来的魅力。打开书本，展现在你眼前的将是一个神奇与美妙并存的建筑王国！

　　丛书融科学性、知识性和趣味性于一体，不仅能让读者学到更多的知识，还能培养他们对建筑这门学科的兴趣和认真思考的能力。

丛书编委会

2013年4月

░░目　录░░

古代桥梁建筑艺术

古代桥梁建筑的起源

简单地说，桥是架空的道路。建桥最主要的目的，就是为了解决跨水或者越谷的交通问题，以方便人们通行，便于工具的运输。从最早或最主要的功用来说，桥应该是专指跨水行空的道路。故《说文解字》中段玉裁的注释是："梁之字，用木跨水，今之桥也。"说明桥的最初含义是指架木于水面上的通道，以后才逐渐引申为架在悬崖峭壁上的"栈道"和架于楼阁宫殿间的"飞阁"等天桥形式。现代，桥又在城市交通中发挥着重要作用，平地起桥

（立交桥），贯通东西南北，不仅有助于缓解交通拥堵，还成为现代化城市中一道亮丽的风景。

中国古今桥梁的科学技术，不少都曾走在世界桥梁建筑的前列，许多桥梁样式仍继续对世界梁建筑产生影响。同时，它又是活的文物瑰宝，记载着许多珍贵的资料。

中国桥梁建筑历史悠久，文化灿烂，早在新石器时代就出现了"桥"的雏形：大禹治水时就有"鼋鼍以为桥梁"，即在河中堆积大小卵石，石上架木，而成为我国最原始的石梁桥。据历史文献记载，在西安半坡村距今五六千年前的原始社会村落遗址中，发现了原始的木梁桥。历史记载最早的、具有真正建筑意义的桥梁，是距今3000年的渭水浮桥，是周文王为迎亲而临时搭建的，《诗经》也有周文王在渭水上"架舟为梁"的描写。而公元前257年修建的山西蒲州的黄河大浮桥，则充分显示出中国古代先民建桥技术的成就。

现存最早的石拱桥梁是隋朝李春设计建造的赵州桥。而宋代中国兴建桥梁的总长度为世界之最。

古桥的产生与发展

自然界由于地壳运动或其他自然现象的影响，形成了不少天然的桥梁形式，如浙江天台山横跨在瀑布上的石梁桥，江西贵溪因自然侵蚀而成的石拱桥（仙人桥）以及小河边因自然倒下的树干形成的"独木桥"，或两岸藤萝纠结在一起构成的天然"悬索桥"等。人类从这些天然桥中得到启示，便在生存的过程中不断仿效自然。开始时大概是利用一根木料架在小河上，或在氏族聚居群

周围的壕沟上搭起一些独木桥(桥之所以始称"梁"，也许便和这种横梁而过的形式有关)，或在窄而浅的溪流中，用石块垫起一个接一个略高出水面的石蹬，构成一种简陋的"跳墩子"石桥(后来，园林中多仿此原始桥式，称"汀步桥""踏步桥")。这些"独木桥""跳墩子桥"便是人类建筑中最原始的桥梁，以后随着社会生产力的发展，才逐渐产生了各种各样的桥梁形式。

我国的桥梁大致经历了四个发展阶段：

第一阶段以西周、春秋为主，包括此前的历史时代，这是古桥的创建时期。此时的桥梁除原始的独木桥和汀步桥外，主要有梁桥和浮桥两种形式。当时由于生产力水平落后，多数桥梁只能建在地势平坦、河面不宽、水流平缓的地段，形式上也只能是一些木梁式的小桥；而在水面较宽、水流较急的河道上，则多采用浮桥。

第二阶段以秦代、汉代为主，包括战国和三国时期，是古代桥梁的发展时期。秦汉时期是我国建筑史上一个璀璨夺目的发展阶段，这一时期，不仅发明了人造建筑材料的砖，而且还创造了以砖石结构体系为主体的拱券结构，从而为后来拱桥的出现创造了先决条件。战国时铁器的出现，也促进了建筑对石料的利用，从而使桥梁在原来木梁桥的基础上，增添了石柱、石梁、石桥面等新构件。不仅如此，它的重大意义还在于使石拱桥应运而生。石拱桥的创建，在中国古代建桥史上无论是实用方面，还是经济、美观方面都具有划时代的意义。石梁、石拱桥的大发展，不仅减少了维修费用、延长了桥的使用时间，还提高了结构理论和施工技术的科学水平。因此，秦汉建筑石料的使用和拱券技术的出现，实际上是桥梁建筑史上的一次重大革命。从一些文献和考古资料来看，大约在东汉时，梁桥、浮桥、索桥和拱桥这四大基本桥型已全部形成。

第三阶段以唐、宋时期为主，包括两晋、南北朝和隋、五代时期，这是古代桥梁发展的鼎盛时期。隋、唐时期国力较之秦汉时期更为强盛，唐、宋两代又取得了较长时间的安定统一，工商业、运输业以及科学技术水平十分发达，是当时世界上最先进的国家。东晋以后，由于大量汉人贵族官宦南迁，经济中心从黄河流域移往长江流域，使东南水网地区的经济得到很大发展。经济和技术的大发展，又反过来刺激了桥梁建设的大发展。因此，这时期创造出许多举世瞩目的桥梁，如隋代石匠李春首创的敞肩式石拱桥——赵州桥，北宋废卒发明的叠梁式木拱桥——虹桥，北宋创建的用筏形基础、植蛎固墩的泉州万安桥，南宋的石梁桥与开合式浮桥相结合的广东潮州的湘子桥等。这些桥在世界桥梁史上都享有盛誉，尤其是赵州桥，类似的桥在世界其他国家中，晚了7个世纪方才出现。纵观中国桥梁史，几乎所有的重大发明和成就，以及能争世界第一的桥梁，都是此时创建的。

第四阶段为元、明、清三朝，这是桥梁发展的饱和期，几乎没有什么大的创造和技术突破。这时的主要成就是对一些古桥进行了修缮和改造，并留下了许多修建桥梁的施工说明文献，为后人提供了大量的文字资料。此外，也完成了一些像明代

江西南城的万年桥、贵州的盘江桥等建造技术高超的建筑。同时，在川滇地区兴建了不少索桥，其建造技术也有所提高。到清末，即1881年，随着我国第一条铁路的通车，迎来了我国桥梁史上的又一次技术大革命。

古桥梁建筑类型

按桥梁的建筑结构形式可分为：梁式桥、拱桥、悬索桥和浮桥。

按桥梁的主要建筑材料可分为：木桥、石桥、铁桥。

1.梁式桥

梁式桥是指用梁或桁架梁作为主要承重结构方式架起的桥梁，是桥梁建筑的基本体系，梁架技术也是中国古代建桥最早的手段之一。梁式桥在我国古桥建筑中所占的比例较大，出现的年代很早。春秋时期的齐国故城留有桥梁建筑的遗迹，而现有记载中，横跨渭水的渭桥在秦咸阳就已经出现。西汉时，桥梁建筑发展为石梁石柱式。梁式桥的代表作是福建的洛阳桥、安平桥和西安的灞桥。

2.拱桥

拱桥在东汉时期已经出现，是用拱圈或拱肋作为主要承重结构方式建起的桥梁。拱形设计的科学与美学是中国古代桥梁建筑艺术对世界的独特贡献，是中国建筑文化最具有民族特色的艺术精华，直到今天依旧以灿烂的文明让世人赞叹不已。江西南城的万年桥是中国最长的连拱石桥。

3.悬索桥

悬索桥是我国西南地区、西北地区因所在地河流湍急，无以立柱墩，便

以竹、藤、铁等绞索为链，悬承木板，腾空跨越的一种极具少数民族地方建筑色彩的桥。中国最早的铁索桥是北魏神龟二年(519) 建在今新疆境内的北魏悬索桥。四川都江堰的安澜桥(珠浦桥) 和泸定桥是中国悬索桥的代表。

4.浮桥

浮桥，古称舟梁，为临时性桥梁，因是用船舟来代替桥墩，所以有"浮航""舟桥""浮桁"的称谓。浮桥架设简便，成桥迅速，在军事上时常应用，因此又称"战桥"。

浮桥的结构有两种形式：一是传统形式，即在船或浮箱上架梁，梁上铺桥面。二是舟、梁结合形式，舟（箱）体、梁、桥面板结合成一体，船只首尾相连成纵列式，或舟（箱）体紧密排列成带式。上、下游设置缆索锚碇，以保持桥轴线的稳定。桥两端设栈桥或跳板，以与岸边接通。为适应水位涨落，两岸还应设置升降栈桥或升降码头。

浮桥可说是大型桥梁的先辈。它是用船渡河的一个发展，又是向建造固定式桥梁的一个过渡，成为介于船和桥之间的一种渡河工具。浮桥可用于人行、公路、铁路。我国历代著名的浮桥有赣州古浮桥、泉州浮桥、柳州浮桥、永州浮桥、黄河浮桥等。

宁安大石桥

宁安大石桥是黑龙江省现存的唯一一座清代石拱桥。

大石桥位于黑龙江省东南部宁安市的鸡陵山下，横跨在一条大沟壑之上。在桥的东头有一眼泉水，名叫"泼雪泉"。泼雪泉涌出的泉流，就通过这条大沟向南流去，注入牡丹江。

据记载，宁安大石桥修建于后金天聪八年（1634）。最初是一座木板桥，之后才改建成石拱桥。

宁安大石桥是一座单曲拱桥。桥长25米，桥面宽4.5米，桥高7.3米。全桥都是用石料砌筑而成。望柱的顶端雕刻成桃形，这和内地的单宝珠望柱柱头一脉相承。栏板上雕刻着草叶和卷云，使这座古桥带有浓厚的地方色彩。

沈阳永安石桥

　　永安石桥，又名"大石桥"，位于辽宁省沈阳市西郊，建成于清崇德六年（1641）。桥为东西走向，原横跨在蒲河之上，河道变迁后，现桥下仍有一条小溪流过。永安桥建成300多年来，一直通行各种车辆，是沈阳至马三家子的重要公路桥。

　　永安石桥为三孔砖拱石桥，全长37米，宽14.5米。其桥面两侧，分别立有石雕望柱十九根，望柱的顶端雕刻着许多形态各异、生动活泼的石狮子。柱间安置着石栏板，石栏板上的花纹为柿蒂的形状。这些，都为雄伟的石桥增添了秀丽的色彩。整个石桥建筑结构坚固，造型壮观，充分体现了我国古代桥梁的建筑风格。

　　永安桥是清初修筑盛京至北京大御路时建造的，其目的是"师旅出之便之"。清迁都北京后，历代皇帝东巡过此桥时，多赋诗抒怀。康熙皇帝二次东巡时曾在永安桥题诗一首："夹路风法宿雨消，十年曾此驻龙镳。春风城阙知非远，几处轻寒变柳条。"永安石桥是辽宁省规模最大、保存最完好的一座古桥。为省级文物保护单位。

赵州桥

　　赵州桥位于河北省赵县境内，因赵县古称赵州而得名，又名"安济桥"，是匠人李春在隋开皇十五年(595)至大业元年(605)间设计制造，全部用石料筑成，是世界上最早、跨度最大、现存最古老的空腹单孔圆弧石拱桥。赵州桥距今已有近1400年的历史，它不仅是我国而且也是世界上现存保存最完整的巨大古代石拱桥，对后世的桥梁建筑有着十分深远的影响，特别是拱上加拱的"敞肩拱"的运用，更是世界桥梁史上的首创。在欧洲，最早的敞肩拱桥为法国在亚哥河上修造的安顿尼铁路石拱桥和在卢森堡修造的大石桥，但它们比中国的赵州桥晚了1100多年。

　　赵州桥为南北向，全长50.82米，宽9.6米，净跨37.35米，拱券高度只有7.23米，跨度大而弧形平，比例不到1/5，这在世界桥梁建筑中是极少见的。桥洞呈弓形，由28道相互独立的拱圈并列砌筑，建桥时先砌中间，再砌两边，每条拱券坏了可单独修理。并采用勾石、收分、蜂腰、伏石、"腰铁"连续加固

方法，整体提高了桥梁的坚固性。赵州桥桥拱肩敞开，大石拱两肩上各建两个圆弧形小拱，靠近桥墩的两个小拱净跨3.81米，近桥中央的两个小拱净跨2.85米。大拱两肩的两小拱既减轻了桥身的重量、压力，减少了石料，又增加了桥洞的过水量，减少

了水流对桥的冲击，首创了"敞肩拱"的新式桥型。这不但照顾了均衡对称的结构力学之美，更兼顾了造型优雅的美学愉悦之情，体现了建筑和艺术的完美结合，在世界桥梁史上也是一项极其伟大的创举。

全桥结构匀称，样式协调，雄伟壮丽，奇巧多姿，给人一种美的享受。大桥望柱，图案雕刻细腻，布局灵活多变，造型生动，形象逼真，堪称隋唐时期雕刻艺术的精品。平缓的弧形坦拱，减缓了上下桥的坡度，便于车马、行人往来，桥洞宽大，船只通行方便，且与周围景色配合得十分融洽，是我国建桥技术的一项巨大成就。桥上石栏石板的雕琢古朴美观，远望如"初月出云，长虹饮涧"，是我国古代匠人精巧技艺的真实写照，也是隋代石刻雕塑的精品。

　　赵州桥采用圆弧拱形式，改变了中国大石桥多为半圆形拱的传统。中国古代石桥拱形大多为半圆形，这种形式比较优美、完整，但也存在两方面缺陷：一是交通不便，半圆形桥拱用于跨度比较小的桥梁比较合适，而大跨度的桥梁选用半圆形拱，就会使拱顶增高，造成桥高坡陡，车马、行人过桥非常不便。二是施工不利，半圆形拱砌石时用的脚手架很高，增加了施工的危险性。为此，李春和工匠们一起创造性地采用了圆弧拱形式，使石拱高度大大降低，实现了低桥面和大跨度的双重结合，桥面过渡平稳，车辆、行人过往非常方便，而且还具有用料省、施工方便等优点。当然，圆弧形拱对两端桥基的推力相应增大，对桥基的施工提出了更高的要求。

　　赵州桥的建筑结构非常奇特，自古就有"奇巧固护，甲于天下"的美称，不仅具有高度的科学性，而且体现了我国独特的民族艺术风格，是我国古代建筑艺术中的伟大作品。1991年，赵州桥被美国土木工程学会选定为世界第十二处"国际土木工程历史古迹"。

　　1961年，赵州桥被国务院列为第一批全国重点文物保护单位。

河北永通桥

永通桥，位于河北省赵县（古称赵州）县城西门外的清水河上，又称"小石桥"，始建于唐代宗永泰元年（765），金、明、清以来曾多次大规模维修。永通桥和大石桥形似，为一座带腹拱单孔并列券敞肩式石桥，桥长32米，宽6.34米，主拱券由20道独立的拱券并列砌筑构成，大券上伏有4个小拱。桥栏长32.7米，跨径为26米，拱矢高5.34米，桥面东西两端各宽6.7米，中间宽6.2米。桥栏板雕刻有两种形式：一为两端雕斗子蜀柱，中间用驼峰托斗，华板通长无格，上有优美浮雕；一为荷叶墩代斗子蜀柱，华板分两格。在各小券的撞券上都雕刻有河神浮雕，北面东端小券墩上雕刻有飞马，西端券面雕鱼，整体雕刻形象生动，内容丰富。从现存实物看，应为唐、明、清不同时代打造的作品。

永通桥的桥面接近水平状态，便于人马通行。桥面十分粗糙，这不仅增加了桥面的防滑能力，而且也更加显得古朴、自然。栏板两端铺设有方形垫石，利于排除桥面的雨水和雪水。栏板图案雕刻，单、双面共存。这是永通桥的一个突出特点。望柱的柱头种类繁多，有狮子柱头、葫芦形（双宝珠柱头）、桃形（单宝珠柱头），还有莲花盆柱头。赵州永通桥现为全国重点文物保护单位。

安国伍仁桥

　　伍仁桥是明代留下来的一座著名石桥。此桥位于河北省中部安国市的伍仁村，北距县城12千米。桥为南北走向，横跨在磁河之上。

　　伍仁桥，又名"贵妃桥"。因为这座石桥是由一位姓郑的贵妃下令建造的。郑贵妃是明神宗朱翊钧非常宠幸的一位妃子，很有权势。在伍仁桥中间的一个拱券上，至今还镶嵌着一块大理石，人称"贵妃石"。在贵妃石上刻着这样的字迹："大明万历岁次庚子秋季月立　郑贵妃敕赐修建伍仁桥"。

　　伍仁桥长45米，桥面宽5米。左、右两侧立有望柱，柱头上雕刻着活泼可爱的石狮子。

　　伍仁桥的造型均衡平稳。全桥共有五个桥洞。其中，中间的一个最大，跨径为10米，两侧的两个次之，跨径均为9米，靠南、北河岸的两个又次之，跨径都是8米。

　　在伍仁桥的桥头，还立有石像和盘龙柱。既是指明桥梁所在的标志，为人们的出行提供方便，同时又暗喻桥如大象，能承载重物的意思。

　　据记载，安国伍仁桥建成于明神宗万历二十七年（1599）。此桥虽已过了400多个春秋，至今仍保存完好。它是安国市，也是河北省的一处重要名胜，受到了人们的珍视和爱护。

邯郸学步桥

　　学步桥位于河北省南部的邯郸市内，桥为南北走向，原为木桥结构，因常遭水冲，于明万历四十五年（1617）改建为拱券型石桥。桥身长32米，面宽9米，高8米，两旁各有19块栏板和18根望柱，均雕有历史人物故事和精美的狮子、猴子等动物雕像。桥下设有三个大桥孔，桥孔两侧附设四个小孔，桥孔中心处雕有向下俯视的龙头。桥的规模虽然不大，但结构坚固，造型美观，具有民族桥梁建筑的艺术风格。

　　古桥旁边摆放有一座石雕，为一位年轻人步履优雅的形象，逼真地描绘了"邯郸学步"这一典故，这座桥由此得名。唐代大诗人李白曾有"寿陵失本步，笑煞邯郸人"的诗句。新中国成立后重建，已经不是过去学步桥的本来面目。学步桥现为河北省邯郸市文物保护单位。

凌源天盛号石桥

天盛号石桥是一座单孔微型石拱桥，它在造型上独树一帜，非常少见，在我国桥梁史上占有重要地位。

天盛号石桥位于辽宁省西部凌源市的天盛号村东面。始建于金世宗大定十年（1170）。由于年代久远，天盛号石桥曾被泥沙埋没。1977年，当地农民在农田里发现了这座石桥，此后，人民政府拨出专款，于1979年对其进行了发掘，并于1980年进行了修复。现在，天盛号石桥又以它年轻的面貌重现于人们面前，弥足珍贵。

天盛号石桥全长30.8米，桥面宽3.4米，跨度为2.9米。桥为东西走向，横跨于渗津河上。这座石桥的桥面用石料铺成。每块石料均为扇形。全桥共有扇形石料90余块。石料之间以束腰形铁链固定，并用石灰勾缝，既结实又美观。

桥面左右两侧，各有望柱五根、栏板四块，形式古朴。

天盛号石桥的特殊之处在于它拥有上拱和下拱。上拱为半圆形，下拱为半椭圆形。这种同时拥有上、下拱的单孔石桥，是我国古代桥梁中的珍品，深受学者和专家们的重视。

在天盛号石桥南、北两侧的券面上，还用浮雕的手法刻出了朵朵莲花。生动的图案，为古老的石桥增添了秀丽的色彩。

遵化清东陵七孔桥

　　清东陵七孔桥俗称五音桥，位于河北省遵化市的清东陵区内。七孔桥的前面有龙凤店，后面有神道碑亭。这是一座具有特殊音响功能的石拱桥，在我国古代桥梁中很少见，是我国现存古桥中的珍品。

　　清东陵是清朝帝后陵区中最大的一处。在这个陵区中，有五座皇帝陵、四座皇后陵、五座嫔妃园寝和一座公主殿。在这里，有顺治的孝陵、康熙的景陵、乾隆的裕陵、咸丰的定陵、同治的惠陵以及慈禧太后的定东陵等。在陵区的四周，还建有一圈大红墙。墙外还辟有一圈宽达60米的防火带。

　　七孔桥是与孝陵同时修建的。它是清东陵100多座各式桥梁中的佼佼者。桥长近百米，桥面宽10米。桥面两侧修有石栏杆，每侧各有望柱62根。桥下有拱券

7个。全桥形态优美，肃穆而又壮观。

　　七孔桥的特殊之处在于它的桥栏板是用特殊石材制成的。据分析，七孔桥的栏板中含有50%的方解石，这种石料含有铁质。在建桥的时候，工匠们根据每块栏板石含铁质的多少，按照我国古代音律宫、商、角、徵、羽的顺序，分别将它们安置在桥栏上。这样，当人们走在桥上、用手敲击栏板时，便会听到清脆悦耳的声音，所以，人们把它称作"五音桥"，真是恰如其分。

沧州杜林桥

杜林桥，又名"登瀛桥"。这是一座明代留下的三孔圆拱石桥，位于河北省东部沧县的杜林村。此桥为东西走向，桥身横跨在滹沱河的故道上。

杜林桥由石料砌筑而成。全桥长66米，桥面宽7米，桥高9米。桥面左右两侧立有望柱，安有栏板。在望柱的柱头上，雕刻着狮子、麒麟和猴子的形象。在栏板的内、外两面，采用浮雕手法，刻有人物、飞禽和走兽的图案。这些雕刻，线条流畅，刻工细腻，形态生动，布局得体，是非常宝贵的古代石雕艺术品。

在杜林桥的桥头，还立有一座石碑、一对石狮子。石狮和石碑为杜林桥增加了雄伟的色彩。

据记载，杜林桥初建于明神宗朱翊钧万历二十二年（1594）。明熹宗朱由校天启五年（1625）重修。时过近400年，杜林桥仍然非常坚固结实，可见当时建筑技术之精湛。

北京卢沟桥

　　卢沟桥，原名"广利桥"，也作"芦沟桥"。位于今北京市郊的永定河上。永定河旧称"卢沟河"，卢沟桥由此得名。始建于金大定二十九年（1189），清初重修。早在13世纪，卢沟桥就闻名世界。那时候有一个名叫马可·波罗的意大利人来过中国，在他的游记里，十分推崇这座桥，称它"是世界独一无二的"，并且特别欣赏桥栏柱上刻的狮子，说它们"共同构成美丽的奇观"。

　　卢沟桥全长266.5米，宽30米，由11个石拱联成，每个石拱跨度为16-21.6

米，是一座典型的联拱石桥，拱与拱之间有石砌的桥墩。十座桥墩建在9米多厚的鹅卵石与黄沙的堆积层上，坚实无比。桥身构造极为合理。桥身、拱券、桥墩以腰铁加固，以加强石间的小拉结。桥墩更有特色，墩平面呈船形，迎水面是分水尖，尺寸较大，约占整个桥墩尺寸的2/5，外形像个尖尖的船头。它的作用就是抗击洪水和冰块的冲击。在分水尖上，还安置了一根边长约26厘米的三角铁柱用来保护桥墩，人们称三角铁为"斩龙剑"。桥墩顺水一面做成流线型，向内流挤压力。桥墩也有肩挑两拱，拱拱相连，构成一个整体。而卢沟桥历经800年来水流和冰块的冲击，却依然屹立，可见其坚牢。

在桥墩、拱券等关键部位，以及石与石之间，都用银锭锁连接，以互相拉联固牢。这些建筑结构都是科学的杰出创造。桥身全部由白石建成，两侧石雕护栏各有望柱140根，柱头刻着莲花座，座下为荷叶墩。望柱中间嵌有279块栏板，栏板内侧与桥面外侧均雕有宝瓶、云纹等图案。每根望柱上有历代雕刻的石狮，神态各异，栩栩如生。由于桥上石狮数量较多，难以一次数清，因而北京地区流传一句歇后语："卢沟桥上的石狮子——数不清"。这些石狮，大狮身上有小狮，有的嬉戏要闹，有的交头接耳，活灵活现，栩栩如生。布局巧、数量多，妙趣横生。据统计，最大的石狮身长1.73米，高0.9米，重达3吨，最小的仅长20厘米。有趣的是，满桥都是狮子，唯有西端却是一对石象以头顶住栏杆。

1984年，经文物工作者核查，桥上的石狮多达489头。桥的两端各有华表4根，高约4.65米，与桥浑然一体，既壮观又优美。桥东的碑亭内立有清乾隆皇帝题写的"卢沟晓月"汉白玉碑，为燕京八景之一。

1937年7月7日，在卢沟桥响起了抗击日本帝国主义侵略的枪声，揭开了抗日民族解放战争的序幕，卢沟桥也被载入中国人民革命的史册。卢沟桥史料陈列馆于1981年7月7日在桥头正式开放。1987年，"中国人民抗日战争纪念馆"正式落成。纪念馆台阶上有一座高达4米的艺术雕塑——《醒狮》，象征着中华民族英勇不屈的民族精神。

现在的宛平县城已成为一处具有重大历史意义的纪念地。城内北侧建有中国人民抗日战争纪念馆；城东侧辟为抗日战争烈士陵园；城楼上有七七事变纪念馆和中国纪古桥陈列馆。1971年，北京市又在距卢沟古桥约1千米远处兴建了卢沟新桥，以保护旧卢沟桥这座闻名中外的古桥。

小故事

俗话说：卢沟桥的狮子——数不清。相传，宛平县新上任一个县令，对此不以为然，于是便命守城士兵去数狮子，怎么也数不清，他自己去数也数不清。他心里奇怪，便决定午夜时分到那里看个究竟。他一上桥，就发现狮子们正在戏耍，于是大叫道："好哇！原来你们是活的！"他这一叫，狮子马上回到原先的位置一动不动了。原来这些狮子是鲁班修桥时留下的，一到半夜时分就出来玩耍，但是它们却离不开这桥。

故宫内金水桥和外金水桥

金水桥分外金水桥和内金水桥，建于明永乐年间。

桥栏雕琢精美，形似条条玉带，与古朴的华表和雄伟的石狮构成天安门前巍峨壮丽的景色。

天安门前面的那条河叫外金水河，在午门内太和门前的弓形人工河道叫内金水河。内金水河里的河水从紫禁城西北角的护城河引进紫禁城内，曲曲弯弯地流向南，再向东，又再向南，时隐时现，或宽或窄，与紫禁城东南角外的护城河相通，全长达2000多米。

内金水桥位于故宫内太和门前广场内金水河上，是五座并列单孔拱券式汉

　　白玉石桥，造型秀美，同雄伟壮观的午门城楼和金碧辉煌的太和殿相映衬，引人入胜。它是紫禁城内最大，也是最壮观、最华美的一组石桥。这五座石桥呈弧形排列，桥的规格制式和外金水桥相同。正中的一座是御路桥。桥长23.15米，宽6米。汉白玉望柱上雕刻蟠龙祥云。此桥供皇帝专用。御路桥东西两侧为王公桥，长21米，宽5.4米，供皇室成员、亲王大臣通行。再两侧为品级桥，长19.5米，宽4.8米，供三品以上官员行走。

　　外金水桥共计七座。中间五座造型别致、雕刻精美的石桥分别与天安门城楼的五个门洞相对应。桥南（包括桥）距城门洞62米，桥与桥之间相距5米。桥稍有坡度，中间出现拱面，而且桥身中间窄，两端宽，呈"Ⅱ"型。这种变化多姿、起伏曲折的线条，似"蹑玉桥之长虹"，更增添了天安门的华丽。

　　与内金水桥相同，七座桥在建制使用对象上各有不同。正中的一座最为宽阔宏大，长23.15米，宽8.55米，为皇帝一人专用，为御路桥；御路桥左右的桥

宽5.78 米，为王公桥，供宗室亲王们通行；王公桥外侧的桥较窄，宽4.55米，为品级桥，供三品以上的文武官员们通行；在太庙（劳动人民文化宫）和社稷坛（中山公园）门前的两座桥比品级桥还窄，叫作公生桥，供四品以下的官员、兵弁、夫役来往使用。

金水河由广场西边的熙和门底下穿过进入广场，从东边的协和门底下穿出。进口处和出口处都有一个单拱的桥洞。上面也有桥面，可以通行，但只有挨着广场的一侧有护栏和望柱，相当于半座桥梁。结构独特而巧妙，和殿门及南北通道十分协调，与整个广场构成一个和谐、美观的整体。无论从哪个角度或远近观望，视觉效果都极佳。其设计上的匠心独具，令人叹服。

北海公园金鳌玉蝀桥

金鳌玉蝀桥位于北京市北海公园南门西侧，紧靠着著名的团城，横跨在北海和中南海之间的水面上，是北海和中南海的分界线。

我们今天所见的金鳌玉蝀桥重建于明朝嘉靖年间（1522～1566），距今已有400多年的历史。

金鳌玉蝀桥桥面、两侧的望柱和栏板都是用汉白玉石建造的，洁白如玉。桥上的望柱，为平顶方形的覆莲柱。

现在，金鳌玉蝀桥已经成了北京市内东、西城区间的一条重要通道。

北海公园堆云积翠桥

堆云积翠桥，原名永安桥，位于北京著名的皇家园林北海公园内。此桥横跨于北海南岸和琼华岛之间的水面上。从北海公园南门入园，攀登白塔山，畅游琼华岛，堆云积翠桥是必经之地。

堆云积翠桥为一座三孔石桥。桥体略弯，微呈曲尺形。桥面以条石铺成，整齐而又平坦。桥面的左、右两侧，设有汉白玉石栏杆，洁白晶莹，形式美观。

在堆云积翠桥的南、北两端，分别立有一座四柱三楼的木牌坊。红圆柱，绿筒瓦。在南头牌坊的蓝色底面上写着两个金色大字"积翠"。在北头牌坊的蓝色底面上写着另外两个金色大字"堆云"。在两座牌坊的前面，还分别立有一对石狮。雄壮的石狮、色彩斑斓的牌坊和洁白的石桥一起构成了一幅高低错落、和谐美观的图案，在琼华岛白塔的映衬下显得分外娇媚。

颐和园西堤六桥

西堤是仿杭州西湖苏堤而建，从北向南依次筑有界湖桥、豳风桥、玉带桥、镜桥、练桥、柳桥六座式样各异的桥亭；在柳桥和练桥之间为取范仲淹《岳阳楼记》中"春和景明，波澜不惊"之句命名的景明楼。沿堤遍植桃柳，春来柳绿桃红，有"北国江南"之称。

界湖桥始建于乾隆年间，桥亭毁于1860年英法联军之劫，因处于内外湖的分界处而得名。

豳风桥清漪园时期名"桑苎桥"，光绪时期为避咸丰帝（奕詝）名讳，改为今名，取自中国第一部诗歌总集《诗经》中反映古代劳动人民农业生活的作品——《豳风》。以"桑苎"或"豳风"为桥名都是为了表明帝王对农桑的重视。

玉带桥建造于乾隆年间，拱高而薄，桥身、桥栏用青白石和汉白玉石雕砌，呈曲线形，宛若玉带，故得此名。桥下为昆明湖的入水口，西通玉河，当年帝后乘船由清漪园至玉泉山，往返均过此桥。

镜桥始建于乾隆年间，光绪时重建。桥名出自唐代诗人李白"两水夹明镜，双桥落彩虹"的诗句。

练桥始建于乾隆年间，光绪时重建。桥上建有四角重檐桥亭，供观景和休憩之用。

柳桥始建于乾隆年间，光绪时重建。桥名取自"柳桥晴有絮"的诗句。

北京清河桥

清河桥位于北京德胜门外小关至清河镇南口的御道上，跨清河而建，为三孔联拱石桥，原名广济桥。明史记载该桥建成于明永乐十四年(1416)，后来改称清河桥。古石桥基本完整，石栏望柱为方形，有细雕莲瓣平顶方柱头，实心石栏板两面都刻有类似建筑中的海棠池的梅花线，地伏上有栏板落槽，有望柱榫槽，有与金边联结的孔洞。三孔拱都是纵联砌法，又因有些石的外露面大致呈正方形，还有些石呈竖条形，所以看起来又像是并列分段砌法。桥基是由双层带有企口的石板铺砌成的整基板，石板下面有密铺的松木大方木。再下面是密贯大木桩，该桥的建筑技法迄今在全国尚未发现第二例。现桥为1984年在原桥的东南方小月河上重建的。

1958年和1963年曾先后两次对西北面进行过水毁修复，到80年代初因清河桥的过水量实在不能满足河道的排水需要，无奈于1983年4月将石桥拆卸，石料暂存，到1984年重建在原桥的东南方小月河上。在古桥易地重建工程设计之前，对石桥外露部位进行了测量，实测桥长50.14米，中间直墙段长36.83米，桥宽12.46米，桥体上顶宽12.26米，下部宽12.5米，中孔跨径为6.35米，两边孔跨径为5.87米，桥墩上顶宽3.84米，向下层层出台约5厘米，拱脚退台也是5厘米，桥台砌法也自下而上层层退台，每层约退5厘米，桥台雁翅墙与桥台砌法相同，该桥在桥台雁翅墙平台上又砌有一道雁翅档墙，对桥墈翼墙起加固作用，金边石为矩形断面，宽80厘米，厚30厘米，悬出侧墙10厘米。地伏也是矩形断面，宽38厘米，厚20厘米，退于金边10厘米。桥面宽11.5米，用条石横向铺砌，桥头有立牙石。石桥栏望柱每侧24根，其中八字栏杆望柱各2根，栏板为实心板，1984年易地重建时就是按照此次测量数据进行设计的。

北京朝宗桥

朝宗桥，俗称沙河桥，位于北京市昌平区城南10千米、沙河镇北0.5千米处，跨北沙河水(温榆河)，与横跨南沙河水上的安济桥相对，相距2.5千米。明朝迁都北京，在天寿山建陵墓，于明正统十二年（447）先后拆掉南北沙河水上的木桥建石桥，北曰"朝宗"，南曰"安济"。朝宗桥为七孔石桥。全长130米，宽13米，中高7.5米，七孔联拱结构，桥两旁有石栏柱53对。为京师通往明陵的大型石桥，是明朝帝后、大臣谒陵北巡的必经之路，又是通往塞北的交通咽喉。它与卢沟桥、永通桥，并称为"拱卫京师三大桥梁"，是北京市重点文物保护单位。

桥侧不远有巩华城，是明代帝王行宫，也是当时的驻兵之所，用以守卫京师北门。大桥北端东侧有明万历四年(1576)立的螭首方座汉白玉石碑一座，通高4.08米，宽1.1米，厚0.39米，立有明万历四年石碑一通，碑额的正背面都篆写着"大明"二字，碑身镌刻大字"朝宗桥"。

北京后门桥

后门桥，原称"万宁桥"，始建于元代至元二十二年（1285），原为木桥，后改为单孔石桥。位于北京的中轴线上，在地安门以北，鼓楼以南的位置。由于与前门南北相对，京城百姓俗称地安门为后门，因而此桥也叫后门桥。

元代在北京建都后，为解决漕运，在郭守敬的指挥下，引昌平白浮泉水入城，修建了通惠河。由南方沿大运河北上的漕运船只，经通惠河可直接驶入大都城内的积水潭。而万宁桥是积水潭的入口，并且设有闸口，漕船要进入积水潭，必须从桥下经过。万宁桥在当时所起的作用是巨大的。由于交通便利，又毗邻皇城，加之景色不逊江南，因此，当时万宁桥附近的商肆画舫云集，丝竹悦耳，酒香醉人，景象繁华。万宁桥在元大都的建筑设施中占有重要地位，它也是北京漕运历史的见证。

颐和园十七孔桥

　　十七孔桥建于清乾隆年间（1736～1795）。是连接东岸与南湖岛的一座长桥，也是颐和园内最大的石桥。桥由17个拱券组成，长150米，飞跨于东堤和南湖岛之间，状若长虹卧波。其造型兼有北京卢沟桥、苏州宝带桥的特点。桥上石雕极其精美，每个桥栏的望柱上都雕有神态各异的狮子，大小共544个。两端桥

头还有石雕异兽，十分生动。

十七孔桥西连南湖岛，东接廓如亭，飞跨于东堤和南湖岛之间，不但是前往南湖岛的唯一通道，而且是湖区的一个重要景点。远远望去就像一道长虹飞跨在碧波之上。十七孔桥上的所有匾联，均为清乾隆皇帝撰写。在桥的南端横联上刻有"修蝀凌波"四个字，形容十七孔桥如同一道彩虹，飞架于昆明湖碧波之上。桥的北端横联则有"灵鼍偃月"几个大字，又把十七孔桥比喻成水中神兽，横卧水中如半月状。桥北端的另一副对联写着："虹卧石梁岸引长风吹不断，波回兰浆影翻明月照还望"。此桥的风景，在优雅宁静之夜游赏更加怡人。桥两边的白石栏杆，共有128根望柱，每根望柱上都雕刻着姿态各异的精美石狮，有的母子相抱，有的玩耍嬉闹，有的你追我赶，有的凝神观景，个个惟妙惟肖。桥头各有两只大水兽，形似麒麟，十分威武。桥的两头有四只石刻异兽，形象威猛异常，极为生动。

北京通运桥

通运桥位于北京通州区张家湾镇。因横跨于萧太后河上,又俗称萧太后桥。原为木桥,明神宗时改建成石桥。万历三十三年(1605)十月建成,名"通运"。清咸丰元年曾重修。至今已有380余年。

桥为南北向,全长43.3米,宽10米。两边设石栏,一色青砂岩,每边各有雕狮望柱18根,神态各异,狮下雕为须弥座,束腰饰以连珠纹,上下浮雕仰覆莲瓣,整齐划一。两柱间嵌以栏板,每块内外两面各浮雕两只一样大小的宝瓶,只是纹饰有别,煞为别致。桥身均由花岗条石砌成,桥面车痕累累。中券阔9米,侧券阔7米,分水石高出缴背石近约3米,运船穿洞不必免帆。正券当中圆肩的下两壁,各嵌一块碑记。边券外与雁翅连接,雁翅正中之上置滚石,雕为饕餮状(即所谓的水兽),挺颈侧首垂视流水,十分生动,可惜只剩下一只。据传,这只是城北不远处土桥村石桥雁翅上之物,因夜间出来到田间毁坏禾苗,被桥南三官庙内的关羽看见,便持刀前去轰赶,挥刀砍伤一只,这只不敢再回到原处,则乘夜偷偷逃到通运桥下。

桥北端原有螭首方趺碑记两通,均为汉白玉制成,一为敕修通运桥碑,一为敕修福德古庙碑。当年,船通桥下,帆樯相连,车行桥上,鞭声不断,不愧为京东水陆要塞。城楼、古庙、岸柳、市肆都与石桥相辉映,非常壮美,"回首凤城春色好,莺声啼碎碧桃花",正是此处景致的写照。

1959年7月被立为当地文物保护单位。

通州永通桥

通州永通桥，俗称八里桥，在北京市的东部，距通州城4千米，横跨于通惠河上。这是北京东部地区一座著名的古代联拱石桥。过去，它是连接北京和天津的重要纽带。今天，它是京东地区一处重要的名胜古迹，是我国历史文化中的一份宝贵遗产。受到政府和广大人民群众的高度重视，并得到了有效的保护。

永通桥所跨越的通惠河，是北京市境内一条著名的古代运河。这条古运河，开凿于元世祖忽必烈至元二十九至三十年（1292~1293），距今已有700多年的历史。

　　据历史文献记载，通州永通桥建于明英宗正统十一年（1446）。全桥长50米，桥面宽16米。其长度虽然比河北赵州桥短约14米，但桥面宽度却几乎是它的两倍。可见，人们在修建通州永通桥的时候，就已经充分注意到它在交通上可能出现的繁忙程度。

　　通州永通桥共有三个桥洞，为联拱式。全桥用石料建成。桥面的左、右两侧均修有石栏板。每侧的石栏板均雕有石狮。石狮形态生动。石栏板上的雕刻，图案精美。在桥头还置有石兽。在桥中一个洞孔的东、西两侧石泊岸上，有四只石雕的蹲兽，这是镇水兽。人们希望这些镇水兽能够镇住洪水，保证桥梁安全，使永通桥永远畅通。

　　在通州永通桥的东面，还立有一块石碑。这块石碑是清雍正十一年（1733）刻立的，名字叫《御制通州石道碑》。碑文记述了当时京师东部温州一带的筑路情况。应该说，这是研究清代前期京师公路建设的重要史料，同时也是研究当时社会经济、政治和军事情况的重要资料。

山西晋城景德桥

　　景德桥，俗称西关大桥，横跨在山西晋城市西门外的沁水河上，是我国著名古桥之一。过去，它是晋城通往沁水、阳城地区交通干道上的一座重要桥梁，故曾有"沁阳桥"之名。

　　据记载，景德桥始建于金世宗大定二十九年（1189），金章宗明昌二年（1191）完工。清高宗乾隆四十八年（1783）重建，并将桥名改为景德桥，直到今天。

　　和河北赵州安济桥、永通桥一样，晋城景德桥也是一座单孔敞肩式弧形石拱桥。桥用25道立券石并排砌成，桥面长30米，券高3.7米，跨度为16米，券宽6米。主拱净跨为21米，拱高9米，拱厚1米。大券两肩各有一小券，既可在洪水季节分流水量，又能减轻桥身券脚的负荷，还增添了桥自身的美感。桥面两侧还有石雕兽面、海马、行龙、海水等图案，券门上雕螭首，都很精美。景德桥是我国继赵州桥之后现存历史最悠久的古代珍贵桥梁之一。

山西原平普济桥

　　普济桥，俗称南桥，横跨在山西省原平市城北20千米处的崞阳镇南门外的河流上。创建于金泰和三年（1203），以后历代均进行过修缮。至今仍保持了宋、金时期的石桥雄姿和瑰丽艺术。桥为石砌拱桥，用行錾石和雕刻石砌成，主桥全长30米，跨度为8米，券高7米。两端各有一引桥，二小券，以分洪水。大小券口均为石料横旋，券口之边均有造型精美的石刻浮雕。大券口的券楣有石刻浮雕，内容为避水兽头及人物故事，共16幅。小券位于大券的肩部，券口也有浮雕，内容为蛟龙出水及九针图案。浮雕均典雅古朴，寓意深远，造型优美，精巧别致。远望普济桥，五道券眉错落有序。普济桥为山西省第二批重点文物保护单位。

山西晋祠鱼沼飞梁

鱼沼飞梁位于山西省太原市区西南的晋祠圣母殿前，是一座精致的古桥建筑。四周有勾栏围护。该桥始建于北魏时期，与圣母殿同建，距今已有1500多年的历史，整个梁架都是宋代的遗物。这种十字形桥也是我国现存古桥梁中的孤例。

晋祠是北魏年间（384−534）为晋国始祖叔虞（周武王次子）而建的。北宋天圣年间（1023−1032）重建时，追封叔虞为汾东王，为荣耀其母，建造了宏伟的圣母殿，同时利用殿前的泉水筑了砌石泉池，古人以圆形为池，方形为沼，此方形池中多鱼，所以取名"鱼沼"。至于所谓"飞梁"，则是本着"架桥为座，若飞也""飞梁石磴，陵跨水道"的说法而来的。这是晋水的第二大源头，沼上架十字形板，桥沼内立34根约30厘米见方的小八角形石柱，柱顶架斗拱与横梁，承托着十字形桥面，就是飞梁。

桥面东西长19.6米，宽5米，高出地面1.3米，前后与献殿和圣母殿相接，南北桥面长19.5米，宽3.8米，左右下斜连到沼岸。由于桥面东西宽广，南北下斜如翼，与地面相平，整个造型犹如一只欲展翅飞舞的大鸟，故称"飞梁"。飞梁在北魏时就已存在，北魏郦道元的《水经注》中就有"结飞梁于水上"的

记载，然而在我国的古代
桥梁中，仅此一座实物遗
存。飞梁南北桥面的东西
两侧，原来也有石质卧狮
一对，但现在只留下东北
和东南端的两只。造型生
动，均作与幼狮嬉戏状，
似与飞梁为同时代遗物。

　　鱼沼飞梁充分利用了不同材质所具有的特点，水中的石柱耐腐，木材的韧
性与塑性强，石桥板耐磨、防火，从而达到了桥梁坚固、美观、耐久的效果。

三原龙桥

　　三原龙桥是我国现存著名的一座古代大型多孔石拱桥。

　　龙桥位于陕西省三元市内南北两城之间，横跨在清河之上。因其造型秀美，所以被定名为龙桥。

　　龙桥是用铁钳和石条筑成。桥长110米，桥面宽11米，桥高26米。桥面两侧安装有雕刻精美的石栏杆。这些栏杆有效地保护了人们的通行，同时也使桥梁变得更为美观。

　　据历史文献记载，三原龙桥建于明代万历十九年至三十一年（1591–1603）。除清朝顺治十三年（1656）、乾隆二十年（1755）、咸丰元年（1851）对桥面和桥头两端的堤岸进行过修整外，桥体本身依旧为初建时的原物。虽然明万历四十四年（1616）和1933年，这里曾经发过两次大洪水，但桥身安然无恙，可见其坚固结实的程度。

灞桥

灞桥位于陕西省西安市东约10千米的灞水之上，是一座历史悠久、富有诗意的古桥。灞河是长安八水之一。春秋时期，秦穆公欲完成统一霸业，故名霸水。后以为水名而加偏旁，并逐渐演化为"灞"。桥居交通要道，古时长安东去的人多在这里分别，至今仍是西安东行的必经之地。送友至灞桥，折柳相赠，是万古长安的一大风雅。《史记》载："王翦伐荆，始皇自送至灞上。"隋文帝开皇三年（582），又在秦、汉桥南修了"南桥"，以后历代重修，保存至今。原桥长380米，宽7米，旁设石栏，下有12孔，各孔跨度在4-7米不等，桥柱有408根。汉时，灞桥上设有稽查亭，检查来往行人。唐时在桥上设有驿站。此处作为送别亲友的地方，留下"年年柳色，灞陵伤别。年年伤别，灞柳风雪"的诗句。当年灞桥多垂柳，阳春时节，杨花吐絮，如冬日雪花飞舞，故"灞柳风雪"成为长安八景之一。

从古至今，灞桥上下发生过许多重大事件，更留下了历代文人的佳言绝句。李白送友至灞桥写下《灞陵行送别》一诗，诗云："送君灞陵亭，灞水流浩浩。上有无花之古树，下有伤心之春草。我向秦人问路岐，云是王粲南登之古道。古道连绵走西京，紫阙落日浮云生。正当今夕断肠处，骊歌愁绝不忍听。"宋代词人柳永在《少年游》中写道："参差烟树灞陵桥，风物尽前朝。衰杨古柳，几经攀折，憔悴楚宫腰。"清初文人朱集义有诗道："古桥石路半倾欹，柳色青青近扫眉。浅水平沙深客恨，轻盈飞絮欲题诗。"

1949年后，人们为加固灞桥，对桥进行了扩建，将原石板桥改为钢筋混凝土桥，现桥宽10米，两旁还各留有宽1.5米的人行道，这大大改善了公路交通运输。1958年此桥改为公路桥。近年又在灞桥上新建了一座公路桥、两座铁路桥、一座便桥，如今，10千米宽的河面上已有上下五座桥梁。

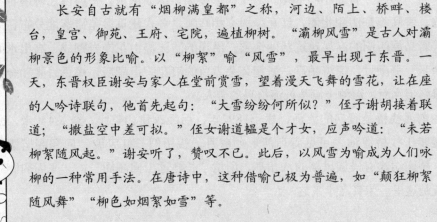

小故事

　　长安自古就有"烟柳满皇都"之称，河边、陌上、桥畔、楼台、皇宫、御苑、王府、宅院，遍植柳树。"灞柳风雪"是古人对灞柳景色的形象比喻。以"柳絮"喻"风雪"，最早出现于东晋。一天，东晋权臣谢安与家人在堂前赏雪，望着漫天飞舞的雪花，让在座的人吟诗联句，他首先起句："大雪纷纷何所似？"侄子谢胡接着联道；"撒盐空中差可拟。"侄女谢道韫是个才女，应声吟道："未若柳絮随风起。"谢安听了，赞叹不已。此后，以风雪为喻成为人们咏柳的一种常用手法。在唐诗中，这种借喻已极为普遍，如"颠狂柳絮随风舞""柳色如烟絮如雪"等。

山东青岛前海栈桥

前海栈桥，在山东省青岛市南面的青岛湾中，与该市的繁华街道中山路紧紧地连在一起。这是一座功能特殊的桥，在我国较为少见。

桥上望去，青岛小巧如螺，岛上树影婆娑，绿荫浓浓，一座白色灯塔亭亭玉立。青岛湾东侧和北侧，红瓦绿树交相辉映，各式建筑参差错落地分布在周围。青岛湾西侧的高层建筑壮丽恢宏。沿岸的防波堤由花岗岩砌成，高出水面10余米。涨潮时，惊涛拍岸，激起朵朵雪白的浪花；退潮后，褐色岩礁和金色沙滩露出水面，海滩上满是赶海拾贝的游人。

前海栈桥是青岛的象征，建于1892年，后经改建和整修，全长440米，游人漫步于栈桥海滨，可见青岛湾形如弯月，栈桥似长虹卧波，回澜阁熠熠生辉。桥南端建有民族风格的八角亭，所谓"长虹远引回澜阁"，"飞阁回澜"的就是这里，为青岛十景之一。

渭源灞陵桥

渭源灞陵桥，又名卧桥，位于甘肃省渭源县城南门外的清源河上，为纯木的卧式悬臂拱桥。始建于明洪武年间（1368—1398），"既济行人，复通车马"，后被洪水冲毁。清同治末年（1875），左宗棠部属梅开泰重建。以前所建皆为平桥，1919年仿兰州卧桥改建，被称为"渭水长虹"。桥为南北向，全长40米，高15.4米，宽4.8米，跨径为29.5米。整个桥分为13间，64柱，桥面和桥底均铺有每排10根粗壮圆木，并列为11组，从两岸桥墩底部逐次递级，凌空而上，形成半圆状桥体。

灞陵桥桥身高耸，桥面为三道阶梯状通道，中宽边窄，且有扶手栏杆相配，既可远眺，又助攀登。桥两端建有飞檐式廊房，四角抖起，脊耸兽飞，似巨龙凌空而起，颇为壮观。灞陵桥以其独特的建筑结构和艺术风格，闻名全国。桥两端有历代名人左宗棠、孙科、杨虎城、于右任、蒋介石的诗、词、联名和题字。

兰州握桥

　　兰州握桥，又名卧桥，在兰州城西，始建于明永乐年间（1403-1424）。清乾隆间因战火、洪水，三坏三修。嘉庆二年（1797），刘汉捐银3000两重修。道光二十一年（1841），曹晓霞出资补修。光绪十三年（1904）再修。清代两次重建。此桥由两岸向内斜上伸出重叠的悬臂梁各五层，中接平梁，形成中高边低穹隆状的桥身，全长27米，宽4.6米。桥上建廊屋，正中三间，左右斜下各四间。木桥的重量较轻，廊屋可以起到镇压桥体的作用，

使之不易冲毁。木材容易腐朽，廊屋可以遮风避雨，使桥梁得到保护。握桥不仅以其穹隆特起的造型气势，也以其结构需要与造型的有机配合而成杰作。桥两端各建门楼，既强调了入口，同时也起到了压住悬臂梁后尾的作用。

兰州旧时有八景，其中之一是"虹桥春涨"，虹桥春涨就是指雷坛河握桥的美丽景观。握桥位于阿干河下游的雷坛河上，即今兰州市工人文化宫东侧雷坛河桥处，是一座典型的伸臂木梁桥，中国桥梁专家茅以升在他的《中国古桥技术史》中对兰州握桥给予了很高的评价，说兰州握桥是中国"伸臂木梁桥的一个代表"。兰州握桥相传是仿"河厉"之制而建。"河厉"是吐谷浑所建造的一种桥型。它的仿造说明，早在唐代，兰州地区各民族的文化交流已经十分兴盛。由此我们完全可以说，兰州握桥的建造，是兰州多民族文化交流的结晶。

桥由28根朱红大柱组成桥廊十三间，中间三间，两侧各五间。廊柱下端柱头倒挂，雕成桃形，柱的上方有镂花装饰，花栏廊厦。桥头翼亭四角飞檐，卷棚歇山顶，上盖黑色琉璃瓦，造型雄伟奇特，建筑手艺精巧，别具一格。翼亭均有题额，东亭前额"空中鳌背"，阴额"彩虹"；西亭前额"天上慈航"，阴额"新月"。桥呈穹隆特起之弓形，且涂以红色，故称"虹桥"。桥上木植均施彩绘，美轮美奂。雷坛河水经此桥入黄河，入冬河流结冰，冰层逐渐加厚，入春，冰融水涨，片片冰块涌向桥下，水沫飞溅，浪涛轰鸣，水雾氤氲，握桥恰似一弯彩虹横卧在有如云奔烟飘的波涛之上，白水红桥，绮丽壮观，形成"虹桥春涨"景观，引得诗人歌咏不已。曾有《虹桥春涨》诗云："不凭支柱架虹腰，独卧河干历几朝。桥上行人桥下影，年年来去送寒潮。"又有一首诗云："春桥春渡观春华，春水春山春景佳。河涨春桥桥春涨，流沙过客客流沙。"

雷坛河是七里河地区汇入黄河的最大支流，握桥曾是沟通城关地区与七里河地区的主要津梁。因为是木结构桥，所以只能行人，不能通车。民国时期，为了能使车辆通过雷坛河，人们在握桥南侧增修了一座公路木平桥。1952年，为了修通七里河、西固的西郊林荫大道，决定将解放门以西的路段加宽，握桥

已影响交通，若保存老桥，另选新桥址，则需拆迁众多的居民房屋。因此决定将桥拆除。当时，许多地方绅士为保存古迹，出面阻拦。后来，兰州市劳动局局长赵子明在现场群众大会上进行劝说，拆除工作才得以进行。握桥建筑十分坚固，拆除也非常困难。其横卧木与挑梁都是长10多米，直径为30多厘米的大圆木，横卧木和一层挑梁下衬砌糯米、石灰黏接的大石条。梁木入土部分为防年久腐朽，四周填以卵石、石灰，并设通风口。当时，握桥仍很坚固，木质毫无腐朽，在挖出的梁木上，当年木工所打的墨斗线依然清晰可辨。由于握桥坚固，而新桥施工期限又很紧迫，遂用锯锯断梁木，爆破衬砌的大石条，握桥才得以拆除。

兰州黄河铁桥

　　黄河铁桥位于甘肃省兰州城北的白塔山下、金城关前，有"天下黄河第一桥"之称，是兰州市内的标志性建筑之一。铁桥建成之前，这里设有浮桥横渡黄河。浮桥始建于明洪武年间（1368-1398），名叫"镇远桥"，现在尚存建桥所用的一根铁柱，高达3米，重约数吨，上有"洪武九年"字样。

　　兰州黄河铁桥建造于清光绪三十三年至宣统元年（1907-1909），桥长224米，桥面宽2.24米。桥下筑桥墩四座。每座桥墩都是用水泥铁柱和石块建筑而成的。在四个桥墩中，以靠黄河南岸的第二墩最高，从墩底到黄河水面高达5.44米。

　　1954年，人们对兰州黄河铁桥进行了维修和加固，在原来的水平钢桁架上增加了钢筋混凝土板，从而使兰州黄河铁桥不但形态更美，而且大大提高了它的承重能力。初建时的兰州黄河铁桥只能通行载重在8吨以下的汽车。维修加固之后，载重量达20吨的汽车也能在铁桥上安全、顺利地通行。

　　兰州黄河铁桥在我国桥梁建筑史上具有重要意义。过去，我国修建桥梁使用的主要材料是石料、木料及少量砖料。在桥梁建筑中使用钢铁，也仅见于索桥，如四川都江堰的安澜桥、泸定县泸定桥等。而将大量钢铁作为建桥的主要材料，兰州黄河铁桥是第一个。因此，它揭开了我国建桥大量使用钢铁的新篇章，为我国桥梁建筑史树立了一座新的里程碑。

河南临颍小商桥

　　小商桥位于河南省临颍县黄帝庙乡的小商河（颍河故道）上。为敞肩单孔石拱桥，始建于隋开皇四年（584），但现桥主体结构属北宋建筑风格，元、明、清历代均有修葺。最大的一次修筑是元大德年间（1297～1307）。小商桥长20.87米，宽6.67米。大拱净跨为11.6米，矢高2.13米，小拱净跨为2.13米，矢高1.2米，两岸小拱脚间距为20.2米，主拱和小拱均由20道拱石并列砌筑而成，主孔每块拱石间均由咬铁连接。券面石浮雕有天马、狮子、莲花和几何图案，拱的上端置有兽，伸出桥身。桥墩下部四角有高浮雕金刚力士像，双肩扛拱，双手上托，大小在1米左右。小商桥是一座时代较早的古石桥，是研究建筑和交通史的重要资料。

　　小商河为古时商王经此而得名，桥因河而取名，河因桥而出名。小商桥原位于历代官道上。2001年6月25日，小商桥作为宋代古建筑，被国务院批准列入第五批全国重点文物保护单位。

河南弘济桥

　　弘济桥位于河南省汝南县城北，跨汝河，明代称宏济桥、博爱桥，清代称迎恩桥，因靠近天中山又称天中桥。原为木桥，建于何时尚待考证明弘治十八年（1505）改建成石桥，明万历十年（1582）重修。该桥全部用石块砌成，与赵州桥结构相似。在大券两边附两个小券，雄伟壮观。桥面全长44.6米，宽6.5米，大券跨度为24.8米。两边两个小券跨度为2.73米，高4米，尽端两个小券跨度为1.75米，高1.02米，全桥由18道单券组成，券与券之间用宽0.37～0.43米的铁束腰相连，桥面两边各有18根方形望柱，17块栏板，刻有狮子、桃、猴、石榴、鹿、麒麟和武松打虎等图案。大券和小券两面中间刻有龙头，大券两边对刻的二龙戏珠、飞凤、飞龙及两边尽端小券刻的缠枝花，精工细雕，具有很高的艺术价值。

河南云溪桥

云溪桥，又名廉川桥，在河南省浚县云溪门外。明武宗正德三年（1508）初建木桥，嘉靖四十五年（1566）改石桥。20世纪50年代进行修整，改为公路桥梁，拆除了残缺的石栏杆。

云溪桥为五孔桥，样式美观，坚固耐久。长60米，高10米，宽12米。中孔高大，便于舟船通行，券额上雕一"虎头"，两侧饰以花卉图案。桥两端墩基四角各置呈睡卧姿态的水兽，形象凶猛逼真，艺术价值较高，现为省级文物保护单位。

湖北武当山天津桥

天津桥，又名剑河桥，位于湖北省武当山十八盘下2千米处，横贯九渡涧，海拔为355.8米。一端接上十八盘一端连下十八盘，是武当山古神道上的重要通道。这座三孔石桥，始建于元代，为方石砌筑，饰望柱石栏。1984年维修，新装望柱石栏19套，增建石阶，补添桥墁石。桥长52.1米，宽9.42米，高8.85米，中孔跨度为9.6米，边孔跨度为6.7米。数百年来，历经无数次山洪冲击，仍安然无恙。天津桥虽位于深山旷野，但这里古树参天，河水清幽，加上龙泉观和照壁两处建筑，让人有身在庭院的感觉。

湖北来凤接龙桥

接龙桥位于湖北省来凤县翔凤镇拦河上，长80多米，宽5米有余，因为它的历史传奇闻名于鄂湘渝边区，是来凤县的爱国主义教育基地。接龙桥的修建有一个传说：拦河两岸有两座山，南叫"玉龙"，北称"翔凤"，是龙与凤的化身，只是被拦河"拦"断龙脉，因此土家苗族人屡遭劫难。据说只要修一座石桥跨越拦河，接通"龙脉"，就会迎来"龙凤呈祥"的好日子。为了谋求幸福，嘉庆十三年(1809)，土家、苗族人纷纷捐钱捐粮，请来能工巧匠，修起大小两个石拱，并在石桥上精雕一条石龙，凿上三个大字——接龙桥。1934年4月，贺龙率领红三军从湖南甘壁寨进入来凤县境内，拦河两岸人民欣喜若狂，纷纷走上接龙桥，盼红军接贺龙，从此接龙桥便被赋予了崭新含义，成了人民心向革命的象征。

接龙桥古朴而优雅，桥呈半圆形石拱，桥头两端是由巨大的青石板砌成的石板路，连着夯峡溪两岸的苗寨。桥下的溪水清澈欢快，一年四季奔流不息。接龙桥是这里的苗民进行"接龙"活动的天然场所，到"接龙"那一天，人们在桥两侧和石板路两旁都插上彩旗，接龙队伍由苗寨老师摇着铜铃在前领行，充当"龙女"的主人身着盛装、头戴插花银帽走在人群中间，随后是锣鼓、长号、唢呐队伍，浩浩荡荡从桥上走过。这种充满着浓厚苗家乡土气息的场面，常常吸引着成千上万的中外游人。

小故事

来凤县凤翔镇有一块石碑，碑上题"接龙桥"三字。传说这块碑与宋帝昺有关。南宋末年，宋帝昺君臣被元兵追赶，来到凤翔镇，当时刚好天降大雨，他慌忙躲入竹林中避雨。那竹子仿佛通了灵性似的，竹叶全都收拢起来，成了一片竹叶棚，使君臣一行不至于淋湿。当下帝昺龙心大悦。不一会儿，雨过天晴，君臣继续赶路。可是，前面有一条大河挡住了去路，又找不到船只，不知如何是好。宋帝昺长叹道："难道这里是绝路吗？"话还没有说完，天上就降下一道彩虹横架河上。宋帝昺十分高兴，连忙过河，并立碑，赐桥名为"天义桥"。元兵赶到，把碑给砸了。后来，百姓又在桥边竖了一块石碑，上面写着"接龙桥"三个大字。

湖北咸宁汀泗桥

汀泗桥位于湖北省咸宁市的汀泗镇。传说，过去这里有一位心地善良的小商人，名叫丁四。他以卖鞋度日，生活虽然不富裕，却一心想为故乡的父老乡亲做一点好事。于是，他把赚来的钱一分一文地积攒起来，最后决定在汀泗河上修建一座石桥。人们为了纪念他，便把这座石桥定名为"丁四桥"。因为这座石桥横跨在汀泗河上，所以人们又把它叫作汀泗桥。

汀泗桥是一座三孔石拱桥，全桥长31.2米。

汀泗桥之所以著名，首先在于它是一座结构精巧、坚固耐用的古代石桥。据记载，这座石桥初建于南宋淳祐七年（1247）。随着时光的流逝，人们对它进行过多次修缮。现在，它依然完好无损地横卧在汀泗河上，方便了人们的往来。

汀泗桥之所以闻名天下，还因为它在历史上占有不可缺少的一页。1926年8月，当国民革命军北伐之时，坐镇武汉的大军阀吴佩孚，率领主力固守汀泗桥。汀泗桥背后靠山，地势险要，易守难攻。吴佩孚便想利用天险，阻止北伐军前进。但是北伐军，特别是著名将领叶挺率领的独立团，巧妙地利用地形，采用迂回包抄的战略战术，从山间小路绕到敌后，一举夺下了汀泗桥，使吴佩孚遭到了惨败。从此，古老的汀泗桥名传四方，令人们更加难忘。

江西彩虹桥

　　婆源有一种颇有特色的桥——廊桥。所谓廊桥就是一种带顶的桥，这种桥不仅造型优美，最关键的是，在雨天里，它可以供行人避雨歇脚。

　　宋代建造的古桥——彩虹桥是婆源廊桥的代表作。这座桥以唐诗"两水夹明镜，双桥落彩虹"的意境取名。传说，此桥落成之日，有一道彩虹悬挂于蓝天之上，双景竟相媲美。桥长140米，桥面宽3米多，4墩5孔，由11座廊亭组成，廊亭中有石桌、石凳。彩虹桥周围景色优美，青山如黛，碧水澄清，坐在这里稍作休憩，浏览四周风光，会让人深深地体验到婆源之美。

　　彩虹桥历史悠久，始建于南宋，距今已有800多年的历史，是古徽州最古老、最长的廊桥，被誉为"中国最美的廊桥之一"。彩虹桥的魅力，不仅在于桥体与青山、碧水、古村、驿道的完美结合，更重要的是其体现出的建造的生命力：科学合理地选择了建桥的地理位置——建在最宽的河面上；分解洪水冲击力的半船形桥墩设计；根据洪水的流速来进行桥墩之间的差异分布；条石砌

法的紧密牢固；桥面设计理念的长远、实用，易于后人维修，充分体现越简单实用的工艺越容易传承、延续的哲学思想。

彩虹桥两岸风景如画，桥下绿水长流。桥身虽年代久远，却依然完整、古朴、厚重、积淀感强。彩虹桥所在的千年古镇清华，旅游资源十分丰富，除彩虹桥外，还有登云桥、舂米水碾作坊以及由六亭、五廊构成长廊式人行桥。每个桥墩上都修建有一座亭阁，桥墩之间的跨度部分称为"廊"，因此，也叫廊亭桥。

临川文昌桥

文昌桥，又名解放桥，位于江西省临川区东门外边，横跨于抚河之上。该桥经过浮桥、石梁桥、石拱桥三个发展阶段，如今改造成了一座公路桥。全桥长263米，桥面宽6.7米，高13米。

据记载，文昌桥始建于南宋乾道元年（1165）。那时，这座桥梁是用54艘木船，以竹索连接为桥墩，上铺木板而营建的一座浮桥。嘉泰年间（1201-1204）又将浮桥改建为石梁桥，并在桥上修建了房屋。后来，这座石梁桥被毁。嘉靖年间（1522-1566），又在文昌桥的基础上修建了一座石拱桥。60年后，石拱桥被毁，万历三十八年（1610）再度重修石拱桥。如此毁了又建，建了又毁，往复多次。新中国成立后人民政府加宽了桥面，铺上了水泥柏油，两旁设置了雕花扶栏和高桅华灯，使大桥显得非常壮丽。2002年，当地政府又花巨资重修大桥，每个桥墩上均设十二生肖之一的图案，并重新加固大桥。现在该桥既古老又华美。每到夏日的夜晚，桥上游人络绎不绝，清风徐来，暑气全消。仰望天空，明月当头，繁星点点；俯瞰流水，月影如璧，银波荡漾，令人沉醉。

江西南城万年桥

万年桥位于江西省南城县城东北3千米的歆洋渡，横跨在盱江上，下临武港潭。桥长近500米，宽5.8米，高20米，共有23孔，是国内最长的连拱石桥。

万年桥始建于南宋咸淳七年（1271），初为浮桥。明崇祯八年（1635）建石拱桥，清顺治四年（1647）落成。原桥由桥墩、桥身、桥亭三部分组成，工期横跨明、清二代，长达12年之久，时间多花在第18墩上。这里有一深潭，名武岗潭，潭深流急，漩涡重重。全部桥墩都是用大麻条石灌砂浆砌筑。在这波涛汹涌危险重重的武岗潭上，卷拱造桥，全凭手工操作。造桥时采用了排水施工的干修法，曾聚集工匠数万，左拦黎河洪浪，右锁盱江波涛，埋石沉江，挡洪引水，这在古代桥梁的修建中是极少见的，显示了我国劳动人民巧夺飞虹的智慧和才能。

万年桥为单曲石拱桥。桥基坚实，桥身轻巧，自下而上用青石发卷砌成，拱圈采用纵联式卷砌法，桥墩前尖而高昂，墩后方而低矮，有昂首挺胸迎水之势。1953年，按照其原来的样式进行修复，1954年竣工。因为石料开采困难，五孔中有两孔，因石料供应不足，采用混凝土代替。所有桥面都覆以加做了防水层的钢筋混凝土桥面和混凝土栏杆。桥身用水泥浆勾缝，以防雨水侵蚀。修复后的万年桥，有如枯树发新枝，面目一新，又重现昔日风采，有如一座新建的公路石拱桥。

万年桥为江西省现存最长的石拱古桥。该桥与省级文物保护单位聚星塔交相辉映，其建筑艺术精美、雄伟坚固，被誉为"南城八景"之首。为江西省文物保护单位。

江西澄波桥

澄波桥，坐落在铅山县西部的陈坊河上。始建于唐贞观四年（630）。为登仙峰的澄波和尚化缘所筹建，故得此名。清同治五年（1866）群众募捐重建。桥长50余米，桥面为木质结构，桥上建有九间店铺，两面排列，供商贩摆摊设点。桥头石门上方嵌有一块刻着"河清海晏"四字的横额。

信江流经铅山境内北部时，有两条发源于铅山南部山区大的支流汇入。一条叫铅山河，在距河口东郊与信江汇合，故此镇被称为河口。另一条叫陈坊河，在距河口镇西20千米的铅山、弋阳两县的交界处汇入信江。澄波桥就建造在流过湖坊镇的"陈坊河"河面上。这一河段从东南流向西北，桥梁轴线则为东北、西南。

澄波桥为石墩梁桥，六墩五孔，全长60余米，以石材砌筑桥墩，为尖墩，又称之为"分水金刚墙"。形状似舟，尖端逆流，以减轻水对桥墩的冲击力。此桥梁结构独特：由花岗岩砌筑的桥墩高约4米，石桥墩之上，又纵横堆叠七层方条木，再在此状如鸟巢（俗称"喜鹊窝"）的构架之上，架设巨大原木制作的梁。桥面铺木板，其上建长廊，通道宽4米，两侧做有板壁，顶部全部盖瓦，以挡风避雨。东西桥头均建有砖石门屋，青石素作门框楣。两门额分别镌刻"河清海晏，风吹浪静"，相传为澄波和尚手迹。

2000年公布为江西省文物保护单位。

江西宜丰逢渠桥

逢渠桥位于江西省宜丰县同安乡洞山村的洞山百步岸以上300米处。该桥始建于宋绍圣五年（1098），为同安张仲舒之妻雷四十三娘与其子裕禧用拾稻穗的积蓄捐资，为纪念良价禅师于此悟道而建的。此后，当地的张、雷两姓人丁兴旺，人才辈出，雷四十三娘嫡玄孙官至左丞相。桥全长15米，桥面宽4.7米，桥拱净跨为4.2米，拱矢高2.1米，属陡拱。桥面底部石拱上刻有建桥年月及捐建人、主建人名等。其"逢渠桥"三字，是由当时的县令钱鍪根据良价初来洞山时，在此涉水相逢身影所作的《逢渠偈》而题写的。

逢渠桥"景深"，至少有两个层次：一是桥的建筑艺术底蕴，还有就是桥的宗教文化底蕴。

逢渠桥的空间跨度虽然只有4.2米，但是它的时间跨度却是整整11个世纪，是目前江西省内仅存的尚未遭劫的三座宋代石桥之一，具有"纵向单卷并拱""无铰拱结"和"无浆干砌"三大工艺特色。桥的构造颇具特色，桥身用11块石料卷成一个单拱，共77块矩形石块组成七个单拱，七个单拱排成7列，又组成一个大的承重拱板，每列纵向与横向石缝都相通，像是棋盘格一样。路对路，缝对缝，非常严密。拱侧东西各有一信徒和掌作揖，一脸虔诚，表明了捐建者的诚意。拱肩上面有两个石雕武士为护桥神。石块与石块之间采用"无浆干砌"法，没有用桐油石灰勾缝，也没有用糯米胶粘，也没有榫卯相连，就像搭积木那样，靠相互的摩擦力支持。拱肩立有两个石雕武士为护桥神。

湖南湘乡万福桥

万福桥位于湖南省湘乡市西南5千米处的洙津渡，横跨涟水，衔接湘潭与邵阳，是湖南省颇有名气的大型石拱桥。清代以前，有湖南民谣说："走尽天下路，难过洙津渡。"《南中纪闻》中记载："洙津渡渡夫最刁，客担经涉，受其逼诈者无不切齿。"对此，邵阳人徐公明非常气愤，决心变卖家产，广募资金，在渡口修一座桥。该桥动工于清雍正元年(1723)秋，竣工于雍正四年夏（1726）。之后大桥经多次维修，特别是黄文玉、黄笃伦、黄景云祖孙三代三修大桥，被传为佳话。现在的桥长166.8米，宽6.7米，高10.8米，为9拱10墩公路桥。桥东建楚南大观牌坊一座，牌坊下立"万福桥"石碑一块。

关于万福桥的故事有很多。传说，修桥时徐公明的一片苦心感动了神仙下凡，每天上工百人，而就餐的人数却只有99个。还有，大桥整体组装时，发现还缺一块石料，大家一时不知道该如何是好，后经神仙指点，说烧茶老妪为工匠洗涮衣裳用的石板可以一用。拿来一试，分毫不差。大功告成之日，桥取名"万福"，即为万民造福之意。

1967年，湖南省韶山灌区工程指挥部在万福桥东面添建了"洙津渡槽"，谭震林先生亲笔题赠"飞涟灌万顷"五个大字。这座巨型渡槽为"楚南大观"增添了新的光彩。

醴陵渌水桥

渌水桥位于湖南省醴陵市城南，横跨在渌水河上。过去，这是一座石墩木梁的多孔连续伸臂桥。现在，它是一座拥有十孔桥洞的联拱石桥。

据史料记载，渌水桥初建于南宋宝祐年间（1253-1258）。当时的渌水桥，有石桥墩七个，

为一座伸臂木梁桥。现在的十孔联拱石桥，是1928年重修时的遗物。渌水桥长203米，宽5.3米。

从南宋至清代，渌水桥都是一座多孔连续伸臂桥。桥墩之间的跨度都比较大。其中最大的桥墩间距达20余米。可见，桥梁的建筑是十分困难的。但是人们的智慧是无穷的，"公乃采大木缚三为一，贯以铁钉"。这样，人们就解决了大跨度修桥中的困难，使渌水桥能够坚固地横跨在渌水河上。

从明代成化九年（1473）开始，人们就在渌水桥上修建了桥屋。万历三十四年（1606），桥上建屋百间，桥中修有一楼，楼内供奉真武大帝神像。到了清代，人们在桥上修建数十间板亭。渌水桥自桥上建屋以后，便成了当时的一个贸易中心。桥上店铺连绵，人声鼎沸，俨然一派闹市景象。现在，桥面上的这些贸易建筑均已不复存在，仅供人们通行。渌水桥在我国古代桥梁建筑史上留下了浓重的一笔。

松江云间第一桥

云间第一桥，原名安就桥，又名跨塘桥，是一座由木桥重新修建而成的石拱桥。

云间第一桥位于上海市松江区松江镇西侧，南北横跨于古浦塘上。全桥共三孔，长49.3米，高8米。桥面两侧安有护栏。在桥东侧的护栏石下，刻着"云间第一桥"五个大字。

据记载，云间第一桥初建于南宋。那时，安就桥还是一座木桥。西晋诗人陆云的故乡就在这里，他和其兄陆机在我国文学史上有很大影响，世称"二陆"。因为陆云字士龙，并自称为"云间陆士龙"，松江府的别称因此被叫作云间府，安就桥也就被命名为"云间第一桥"。

上海放生桥

　　闻名遐迩的江南古镇朱家角，静卧于上海淀山湖畔。36座古桥星罗棋布地散落其间，而最负盛名的当数放生桥。放生桥建于明万历年间（1573－1620），清嘉庆十七年（1812）重建，是上海地区最长、最大、最高的五孔联拱大桥，称为"沪上第一桥"。历来为文人雅士所赞美，有诗云："长桥驾彩虹，往来便市井。日中交易过，斜阳乱人影。"朱家角放生桥作为古镇上的一个标志性古建筑，是一笔宝贵的文化遗产，已被录入《上海之最》《江南胜迹》《中国名胜词典》。

放生桥是华东地区最大的五孔石拱桥，也是包括周庄、乌镇、同里等在内的"江南十大名镇"中唯一的一座大型古桥。

放生桥全长70.8米，宽5.8米，高7.4米，桥身中间最大的孔径达13米，两侧孔径各在10米左右。承重结构采用超薄型桥墩，桥墩厚度约1米。大桥造型秀美，壮观而不失精巧，历经数百年风雨沧桑但依旧保存完好。放生桥长如玉带，状如彩虹，远远看去，在平静的河水的倒映下，五个半圆形桥孔变成完整的圆孔，相映成趣，别有洞天；旧称"井带长虹"，是当地著名的"十景"之一。

江南古镇的一些石拱桥走势陡峭，使过桥有如登山，倍感吃力。放生桥的走势却平缓舒坦，它的台阶特别薄，最薄处仅有3厘米，一般不超过8厘米，因此过放生桥时如履平地。放生桥南北两面台阶共122级。这么多的级数在江南石拱桥中是非常罕见的，可见古代造桥者的聪明才智和对路人的一份人文关怀。

吴江垂虹桥

　　吴江垂虹桥，又名利往桥，俗称长桥，位于江苏省吴江市东门外的松陵镇，横跨在太湖支流塘河之上。垂虹桥地处闹市，自从它建成之日起，就是一条繁忙的交通要道。

　　垂虹桥是一座薄墩多孔的联拱石桥。它已于1967年5月坍塌，仅存东西两端的十多个桥洞。既然是一座残桥，我们为什么还要把它列入名桥之列并且加以介绍呢？原因有三个。

　　首先，垂虹桥处于苏州至浙江嘉兴、杭州、湖州的陆路交通要道上。它的修建和存在对江浙地区政治、经济、文化的发展，起到了重要的作用，功不可没。

　　其次，在1967年以前，垂虹桥是我国历史记载中桥洞最多的第一长桥。在我国的桥梁建筑史上占有极其重要的地位。

　　垂虹桥建于北宋庆历八年（1048），治平三年（1066）重修。此时的垂虹桥是一座石墩木桥，规模不大。但随着时间的推移，历朝历代都对垂虹桥进行过修缮或扩建。其桥身的长度和桥洞的数目，在我国古代石桥中均排在第一位。虽然苏州的宝带桥桥长317米，有53个桥洞，但它的长度和桥洞的孔数也只能排在垂虹桥之后。

第三，形态优美，历来为世人称道。

元代泰定二年（1325）重修的垂虹桥，不但桥身长、桥洞多，而且形态优美，如新月垂空，如长虹卧波。桥梁三起三伏，好似蜿蜒而去的苍龙。桥的中间，建有一座平面为方形的九脊歇山顶式凉亭。亭上挂着一块横匾，上书"垂虹"二字。垂虹亭前、后开门，可供人通行。在桥的南、北两端各修一亭，南端的名叫汇泽亭，北端的名叫底定亭。泰定三年（1326），又在南、北二亭的前面，各立石狮一对，使全桥不但轻灵秀美，而且也显得更为壮观。此外，垂虹桥还是宋、元、明、清各代诗人、画家称颂和描画的对象。因此，我们可以从古人的诗、画中，看到我国历史上第一长桥的昔日风貌。

江苏苏州引静桥

小巧玲珑的引静桥，被人称作古桥中的"小家碧玉"。它坐落在十全街的网师园内。网师园占地不足7000平方米，著名园林专家陈从周称它为"苏州园林之小园"。

自古造园，需得天下自然风光，有山当有水。有水，则理水；理水，则造桥。园林造桥，常以梁式板桥为主。为什么呢？原来，拱桥势大，多见于水面开阔处，与庭园不易协调，一般不采用。可引静桥不然，偏偏造成了一座微型的石拱桥，可谓独具一格。它宽0.94米，长2.5米，跨度为1.3米，拱顶厚0.2米，石拱栏高0.2米。虽仅一步之长，但石拱古桥所具特点一应俱全，真可谓是"麻雀虽小，五脏俱全"。不能不说是园林中拱桥成功的典型范例。

江苏苏州行春桥

　　行春桥位于苏州西南6千米处的石湖风景区，为著名旅游景点。相传吴越争霸之时，越国名臣范蠡在灭吴后，带着西施由这里归隐太湖，故附近有镇名蠡墅。南宋著名田园诗人范成大退休后即在石湖养老，自号"石湖老人"。在湖东面田圃相间、水系杂错之处有一座行春桥，因为桥下洞函中不仅流过一条小河，而且几处溪流分别流经其不同的桥孔，故人称"九环洞桥"。桥上有重级石栏，游人可随处坐憩。

枫桥

　　苏州枫桥是历代诗人吟咏的对象，也是一座因诗而闻名天下的古桥。唐代开元（742-756）年间，进士张继经过此地，曾写过一首诗，诗名《枫桥夜泊》。

　　　　月落乌啼霜满天，江枫渔火对愁眠。
　　　　姑苏城外寒山寺，夜半钟声到客船。

　　枫桥地处苏州西南端，横跨于古运河枫桥湾上，自古就是水陆交通的要道。枫桥是一座单孔半圆石拱桥。全长38.7米，高7米，桥面宽3米，桥底宽3.5米，跨度为9.8米。在桥面两侧的望柱之间以青砖封砌，中间写着"枫桥"两个大字；望柱之上刻写着劝人为善的诗句。桥的两端各修石阶二十级，为人们上桥、下桥提供了方便。枫桥地带由于舟车云集、商旅际会而异常繁华，是旧时苏州物资的集散中心。

　　自从唐代诗人张继写下《枫桥夜泊》之后，千百年来，凡来苏州的游客，都要来此领略一下枫桥的诗情画意。

其实，枫桥只是一座江南常见的单孔石拱桥。大运河在此通过，这里又是官道所在，南北舟车在此交会。旧时每到夜里航道就要封锁起来，这里便成了理想的停息之地，此桥便因此得名为"封桥"，后因张继的诗而易名"枫桥"，并沿袭至今。

枫桥景区距苏州古城3.5千米，占地面积为10公顷。景区历史悠久，再现了隋唐以来由古运河孕育出的繁荣的枫桥古镇。

近年来，景区又恢复了唐灯、明清街坊、江枫草堂、惊鸿渡等旧观。增添了古戏台、渔隐村、听钟桥等民俗建筑。"漕运展示馆"利用先进的光影技术、四十多只船模和相应的图文，介绍和展示了漕运历史文化。"苏艺名人坊"聚集了苏州十几位民间艺术大师，他们展示作品并表演技艺。景区以红枫等百余种树木营造出富有诗意的自然风光。现已形成规模较大、历史遗迹众多、吴地风味浓郁、文化内涵丰富、观赏趣味性较强的风景名胜区，是解读苏州的最佳选择。

江苏同里富观桥

富观桥，原名庆荣桥。从同里"三桥"之一的太平桥北堍进入仓场弄，穿过富观街，就到富观桥了。该桥始建于元至正十三年（1353），曾于明成化年间（1465－1487）和清康熙五年（1666）两度重建。现存之桥为清嘉庆十八年（1813）重建。桥南堍西侧桥石上镌刻有"大清嘉庆十有八年岁次癸酉里人募捐重建"字样。富观桥为拱形单孔，南北走向，全长34米，中宽2.85米，矢高5.1米，跨度为9.4米。桥面设有坐栏，供过往行人小憩。桥北直角相交着两个桥堍，分别向西、北延伸，有石阶14级和15级。构筑富观桥的石材多样，既留有元代初建时的武康石和明代整修时的青石，又有清代重建时的花岗石，像这样集历代石料之大成于一桥的并不多见。

富观桥周围环境清静，在这里观赏小桥流水人家的美景再合适不过了。桥南北两堍矗立着好多棵古树，茂密的枝叶一边遮掩着桥身，一边将倒影投在河面上，使河水显得更为碧绿。半圆形的桥孔也倒映在河面上，虚实相接，合成了一个整圆，清风徐来，吹起阵阵涟漪，使那个整圆若断若连，添上些许梦幻色彩。透过桥洞望去，一幢幢错落有致的民宅贴着小河逶迤向前，河岸边有着一座座"一落水""两落水"的河埠，居民们正在上面忙碌着……

到了富观桥，最好雇上一只游船，到桥下去细细观赏一下拱圈上所刻的"鲤鱼跳龙门"图案。"鲤鱼跳龙门"是我国民间流传甚广的神话故事。唐代大诗人李白的《赠崔侍御》诗："黄河三尺鲤，本在孟津居，点额不成龙，归来伴凡鱼"用的便是这个典故。在封建社会，人们常把参加科考落第的人说成是"点额而归"，而将金榜题名者称为"跳龙门"。因此，在桥梁上雕刻"鲤

鱼跳龙门"的图案,其寓意显而易见,它形象地反映了当时人们希望通过科举考试来求得功名、光宗耀祖的心态。富观桥上的"鲤鱼跳龙门"图案,构图十分简洁,鲤鱼的形象与众不同,为龙首鱼尾。传说这条鲤鱼在三月桃花水发的时候,乘风破浪奋力跳跃,想跳过龙门脱去凡胎从而进入仙界,可就在它奋力跃出水面的时候,桥上走来一位如花似玉的姑娘,鲤鱼凡心一动,结果已跳过龙门的头部变成了龙头,而龙门外的半身仍旧保留了鱼身。当地的人们深为这条鲤鱼惋惜,便把它的模样雕刻在了富观桥上。

江苏苏州彩云桥

彩云桥位于苏州市郊横塘镇，跨越京杭大运河，始建年代不详，1928年重建。桥身为东西走向，东端引桥折北，与长堤相接，由此可经驿亭去胥门。西端引桥南北落坡，向南步入市镇。三孔石拱桥全长38米，中宽3.7米，中孔净跨8.5米，矢高5.6

米。东次孔设有纤道。因大运河拓宽，1992年迁建此桥于胥江上。今桥西堍与驿亭相接，向东走数百步就是唐寅墓。大桥本身按原样迁移，为不影响太湖水进入苏州古城，在西堍引桥部分增辟桥洞数孔。在施工中遇到河床流沙层，所以把桥墩改为反拱状，现桥洞实为完整的圆圈。桥与驿亭相辉映，为横塘镇的重要古迹。彩云桥现为苏州市文物保护单位。

苏州是全国最著名的桥城，唐时就有"红栏三百九十桥"之称。苏州桥中的"三鼎甲"当为宝带桥、彩云桥、枫桥。枫桥因唐诗而闻名于世；宝带桥、彩云桥则以造型奇巧而称胜。坐落在山塘街上的彩云桥，桥龄已有990岁，由"工"字形三桥合一而成：夹山塘河为平行对峙的两桥，北侧嵌入街身者为半塘桥，南侧嵌入街身者为广福桥，中间跨河而南座墩于广福桥拱顶正中，北座墩于半塘桥拱顶正中。三桥桥身都是拱式石级，着实奇妙！让人不由得为古人的智慧和才能啧啧称赞。半塘，原是"山塘河上最佳胜处"，清代朱宗淑有诗："山塘七里旧繁华，园客家家尽种花。一种清香远近闻，半塘桥外月初斜。"

江苏苏州越城桥

越城桥位于苏州市郊石湖东北岸，跨北越来溪，西距行春桥数十米。始建于南宋淳熙年间。元至正，明永乐、成化，清康熙、乾隆和道光年间均对其进行过修缮，同治八年（1869）重建。越城桥为单孔石拱桥，东西走向，全长33.2米，净跨为9.5米，矢高4.8米，中宽3.6米，由花岗石砌筑。明柱镌有联句，北面是"碧草平湖青山一画""波光万顷月色千秋"；南面是"一堤杨柳影接行""十里荷花香连水"。因年久失修，桥身倾斜，后又被过往船只碰撞，导致部分拱券石脱落，明柱断裂，出现险情。1993年照原样修复。此桥位于石湖风景区，登桥远眺，湖光山色、田野村舍，尽收眼底。现为苏州市文物保护单位。

江苏苏州上津桥

上津桥位于苏州阊门外枫桥路东首，跨阊门古运河。桥的始建年代尚待考证，清代中期地方典籍偶有提及，但都没有提到其历史沿革，只能看见桥身西南侧金刚墙上刻有"丙寅年河道会重建""上津桥口北口公埠"等字。以此推测，桥可能重修于清同治五年（1866）。后1984年又重修。

此桥为单孔拱桥，由花岗石砌筑，南北走向，全长42.45米，净跨为12.2米，矢高5.9米，中宽3.7米，七排拱券石并列。桥额书"上津桥"三字。桥栏砖砌，条石压顶。两坡铺设条石踏步，南为29级，北为31级。从阊门外的广济桥上向西望，上津桥和沿河民居组成了富有水乡情趣的特有景色。现为苏州市文物保护单位。

江苏苏州下津桥

下津桥，又名"通津桥"，位于苏州阊门外枫桥路，跨上塘河（古运河段）。始建于明成化十八年（1482），清代重修。1984年又修，现为半圆拱单孔石桥，南北走向，全长36.7米，中宽4.8米，净跨为12.2米，矢高6米。拱券用青石并列砌置。桥身其他部位均为花岗石。额书"下津桥"三字。西北部望柱刻有"光绪三十二年（1906）秋立"数字，很可能在光绪年间也做过整修。两坡铺设条石踏步，南为27级，北为32级，共59级。1982年10月22日被列为苏州市文物保护单位。

江苏苏州寿星桥

　　寿星桥，初名"营桥"，位于苏州城东望星桥北叶家弄，跨第四直河。宋《平江图》中有记载。相传南宋绍兴十年（1140）浚河时于桥下得瓷寿星，遂改今名。其为单孔拱桥，用武康石砌筑。武康石为紫褐色，质地粗犷古朴，宋、元年间苏州一带建筑物常用这种石头。桥身长18米，拱跨为4.7米，矢高2.6米，两坡设踏步。桥面栏板为1965年从附近被拆的百狮子桥移来，上有狮兽浮雕图案，或蹲或舞，生动活泼。该桥保存宋代构件较多，体量不大，造型凝重，色调拙朴，与周围垂柳、塔影和谐一致，为苏州小型古桥梁中的佳例。

南京七瓮桥

七瓮桥，又名七桥瓮、七桥瓮桥，因桥下有七个半圆形的桥洞而得名。此桥原在明代的上坊门附近，所以又叫"上坊桥"。七瓮桥现位于江苏省南京市城南的光华门外，横跨在秦淮河上。这是南京市现存保存最好的一座古桥，也是明、清时期繁华都市中的一处重要通道。

七瓮桥始建于明代初期，清代重修。在桥洞中孔的石券上，至今还保留着"清顺治六年（1649）重修"的字样。1949年以后，人们对七瓮桥进行了维修，并将残留的石栏杆改成了现代桥栏。

七瓮桥长89.6米，桥面宽13米，高25米。桥下有六个桥墩、七个桥洞。中间的一个桥洞最大，跨径为10.4米。由此向两侧伸展，桥洞的跨度逐渐变小。靠河岸的两个桥洞最小，跨度均为8.7米。桥墩为船形，迎水的一面前突达3米。墩头为尖形，上面刻有鳞甲斑斑的石兽。兽头凸出，即使河水漫过桥墩，兽头依然可以露出水面，引导船只航行。在拱券的两侧均刻有螭首，现存15个。七瓮桥在初建时全部用青石砌成，之后重修才部分改用花岗石。石与石之间，以石灰和糯米汁拌浆黏接，十分牢固。因此，直到今天，七瓮桥还能通行载重汽车。

七瓮桥是进出南京的一条重要通道，自古为军事要地。太平天国起义军和辛亥革命时期的江浙联军，都曾在这里和清军大战。因此，七瓮桥也是我国历史上的一处重要纪念地。

新中国成立后，曾于1956年对桥身两侧和瓮壁进行维修，同时修补残损分水兽头。1964年增建水泥桥栏。1974年铺设沥青桥面。2008年对整座桥梁进行了综合修缮。

现存七桥瓮基本保持原貌，桥墩、桥瓮、兽头等均为明代原物。七桥瓮横跨在秦淮河上，地处交通要道，造型壮观，是南京地区著名的石拱桥。长约百米的七桥瓮设计精巧，建造坚固，为我国古代拱桥中的一大杰作。其桥身用花岗岩和灰岩掺石灰浆、桐油等砌成，异常坚固，尤其是梭形桥墩两侧分水尖石上各镌刻六只精美的分水兽，卧伏在桥墩巨石上，不仅美观，而且具有标明洪水位的作用，所以600年来，桥至今仍在内河航运上发挥着重要作用。现为江苏省文物保护单位。

无锡清明桥

清明桥，原名清宁桥，位于江苏省无锡市南门外的古运河与伯渎港交汇处，飞架在运河两岸。始建于明万历年间。它是无锡"寄畅园"的主人秦燿的两个儿子捐资建造的，因兄弟俩的大名分别是太清、太宁，因此各取一字叫作清宁桥。这座石桥在清康熙八年（1666）由无锡县令吴兴祚重建。到了道光年间，因讳道光皇帝的名字改名为清明桥。

清明桥为单孔石拱桥，桥长43.2米，宽5.5米，高8.5米，桥孔跨度为13.1米，全部用花岗岩砌筑而成。因两岸地势高低不同，东西石级也不一样。拱券为江南常见的分节平列式，共11节，券洞两面的券石上，各有题刻。桥栏上没有雕饰，每侧立两个望柱，显得十分古朴。整座桥造型匀称，稳固雄伟，是无锡古运河上最著名的景点，也是最吸引中外游客的名胜之一。

无锡金莲桥

　　金莲桥位于江苏省无锡市西惠山东麓的惠山寺内，位于惠山寺御碑亭前，横卧于金莲池上，是市内现存最古老的石桥，始建于宋朝，是宋代抗金名相、无锡人李纲修建的，距今已有800多年的历史。

　　金莲桥造型古朴，优美匀称，桥身略呈弧形。长10.7米，宽3.04米，为三孔石梁桥，每孔有6块石梁，两端为石砌桥台。桥台两端有横帽石梁，雕有怪鱼首和螭首。桥两侧各有华版石，上承石栏，外侧雕刻宋代典型的"压地隐起缠枝牡丹间化生（童子）"图案，极为典雅华美，寓意富贵吉祥。石栏杆由莲花状望柱和透空栏板组成，雕有荷叶净瓶和拐杖，桥栏两端还有抱鼓石。虽经历代数次重修，但结构未变，当年的石料有的还留在桥上，不过所剩无几，弥足珍贵。仅存莲花望柱、抱鼓石各一个，还有几块紫褐色原石桥面石。

　　金莲桥得名于金莲池，唐代有位诗人这样吟诵金莲池："千叶莲花旧有香，半山金刹照方塘。"池内千叶金莲，为南北朝时所种，只有庐山、华山和惠山三寺种植。传说服之能成仙，现在已经绝迹了。

江苏苏州灭渡桥

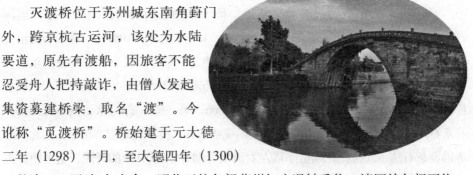

灭渡桥位于苏州城东南角葑门外，跨京杭古运河，该处为水陆要道，原先有渡船，因旅客不能忍受舟人把持敲诈，由僧人发起集资募建桥梁，取名"渡"。今讹称"觅渡桥"。桥始建于元大德二年（1298）十月，至大德四年（1300）三月竣工，历时1年有余。明代正统年间苏州知府况钟重修。清同治年间再修，1985年又修，并恢复石栏。桥身用武康石、青石、花岗石混砌，显示了多次重建大修的历史痕迹。长系石端部刻有兽面纹浮雕。估计为始建时的遗物。桥为薄型单孔拱式，东西走向，通长81.3米，净垮为19.3米，矢高8.5米。原两坡各

设53步石级。该桥采用增大跨度而不作多孔设计，以适应水流湍急、过往船只体量大、往返频繁的需要；在拱顶与面石间不加填层，并尽量增加桥身坡长，使大桥平缓易行，高而不峻，稳重大方，堪称江南古桥梁中的成功作品。现为苏州市文物保护单位。

江苏苏州吴门桥

　　吴门桥，始称新桥，又名三条桥。位于苏州城西南的盘门外，跨古运河（护城河），为陆路出入盘门的必经通道。宋元丰七年（1084），郡人石氏出资兴建，便利了交通，方便了人们的生活。宋绍定中重建，改今名。明正统年间苏州知府况钟再建，以后历代均有修建。目前为苏州留存最高、最大的单孔石拱古桥。用花岗石砌筑，杂有少量武康石。全长66.3米，桥中宽4.8米，拱券石10排，长系石11根，纵联并列砌置。条石桥栏凿成凹凸状。桥额阴刻楷书桥名。南北两坡各铺设条石踏步50级。北端金刚墙左右两翼均砌有宽约0.6米的纤道，为方便纤夫穿越桥洞的便民设施。吴门桥高大壮硕，与邻近的瑞光古塔、古水陆盘门浑然一体，古运河滔滔东流，舟船帆影往返不绝，是苏州城西南重要的文物古迹游览区。

江苏扬州五亭桥

　　五亭桥，又名莲花桥，位于江苏省扬州市北门外莲性寺的莲花堤上，横跨在瘦西湖上。整个建筑造型别致，比例适当，把稳重大方和玲珑剔透巧妙地结合在了一起。

　　据记载，五亭桥初建于清乾隆二十二年（1757）。桥含五亭，一亭居中，四翼各一亭，亭与亭之间有回廊相连。中亭为重檐四角攒尖式，翼亭单檐，上有宝顶，四角上翘，亭内吸顶上有图案精美。桥基由十二块大青石砌成大小不同的桥墩组成，共十五孔，总长55米，高约8米。桥孔彼此相连，由桥外看去，

每个洞外都有一幅不同的景物。每当晴夜满月，每个洞内各衔一月，别具诗情画意。

五亭桥的平面呈"工"字形，两端修有石阶。整个桥身由三种形式的券洞组成。十二个大小不同的桥墩组成了桥基。主轴线上的桥墩最大，共有四个。主轴线的左右两侧，各有桥墩四个，互相对称，构成了五亭桥的四个翼角。这些桥墩都是用长方

形的青石砌成，石缝之间以石灰和糯米汁黏结，十分坚固。在桥身之上建有五座亭子。中间的一座最为高大，重檐，四角攒尖顶，上铺黄色琉璃瓦，屋脊盖以绿色琉璃瓦，画栋雕梁，天花藻井，绚丽灿烂。四角的翼亭为单檐式，上设宝顶。亭间以走廊相连，形态美观。桥的四周围有栏杆，栏板内侧刻有海棠花瓣图案，望柱头上雕有石狮子。

五亭桥下碧波荡漾，岸边垂柳成行；春天细雨濛濛，秋季天高云淡，四时景色宜人。每至月桂中天，十五个桥洞倒映水中，景色更为宜人。

江苏苏州宝带桥

　　宝带桥，原名小长桥，与赵州桥、卢沟桥等齐名，为"中国十大名桥"之一。位于江苏省苏州市东南葑门外3千米处，是一座傍运河西侧、跨澹台湖口的联拱石桥。这座桥于唐代元和十一年（816）动工，元和十四年（819）完工。相传当时苏州刺史王仲舒为建桥曾捐宝带，以助工费。桥建成后，就像宝带一样浮于水面，故而得名。

　　宝带桥全长317米，桥宽4.1米，共计53孔，是我国现存古代桥梁中最长的一座多孔石桥。每孔跨径除第14、15、16三孔（由北端计）外，平均为4.6米；第14、16两孔分别为6.5米；第15孔为7.45米。这三孔的跨径加大，桥面也逐渐升高，第13至第17孔间桥面隆起形成弓形弧线，第15孔处为全桥弓形弧线的顶点。全桥各孔均可通航，其中三个大孔净空较高，可通过大型船舶。

　　该桥在建筑设计上还具有经济、实用和美观的特点。为方便大型船舶通行，桥的中部设有三个大孔，其余均设小孔，这样可降低桥面，节省工程。桥址地基软弱，采用木桩基，每墩用直径为15～20厘米的圆木桩60根，桩头间用石块嵌紧，上建较窄的条石墩基，坚实可靠，且不阻碍泄洪。

　　桥南北两端原来各有石狮子一对，北端一对仍然蹲着迎送来往的客人，南端的一对已沉入河底。北端离桥约2米处有一座石塔，高3米；在27孔和28孔之间，也有一座同样的石塔。这些附属物为宝带桥增色不少。

宝带桥是多孔薄墩联拱石桥，用坚硬素朴的金山石筑成。我们现在所见的宝带桥是明代正统年间重新修建的。清咸丰年间和抗日战争时期，由于英帝国主义和日本侵略者的破坏，毁损已相当严重。新中国成立后，人民政府根据明代的规模和形制，对这座古桥进行了修缮。

宝带桥不仅便利了大运河和澹台湖之间的交通，而且因其制造精巧，加上周围有青山绿水相衬，恰似飘动在水乡原野上的一条宝带，更显绮丽多姿。其中三孔联拱特别高，以通大船，两旁各拱路面逐渐下降，形成弓形弧线。全桥构造复杂，但风格壮丽，奇巧多姿，成为江南一大名胜。

宝带桥现已被列为江苏省一级文物保护单位。2001年6月25日，宝带桥作为明代古建筑，被国务院批准列为第五批全国重点文物保护单位。

小故事

宝带桥地处交通要道，它横卧于京杭大运河畔和秀丽的澹台湖之间的玳玳河上，周围群山起伏，原野千顷，远山近水，浑然一体，构成了如画般的风景，为历代文人雅士所歌咏。"澹台湖水绿如油，宝带桥平匹练浮，好种碧桃三万树，年年花里作春游。"这是清代诗人陆世仪吟咏的宝带桥景色。尤其是在明月当空之时，每个桥洞各呈一个月影映于湖面，"瑶台失落风头钗，玉带卧水映碧苔，待到中秋明月夜，五十三孔照景来"，中秋明月是这里最美的胜景。

苏州江村桥

　　江村桥位于苏州枫桥景区内，为单孔石拱桥，建于唐代，清康熙四十五年（1706）由当地人程文焕发起募捐重建，同治六年（1867）重修。后因缺少修护，拱位于寒山寺照壁前向南偏移。1984年，苏州市政府拨款整修，并列有《重修江村桥记》。

　　东堍有南北侧引桥，南侧9级石级，北侧10级石级，宽2.1米，向上25级石级到顶，长38.7米；桥面宽2.4米，长2.88米；北堍有33级石级，底宽3米。石桥栏间用砖封砌。其与枫桥相望，对愁而眠；拾级而上，可闻钟听风。江村桥为江苏省文物保护单位。

临海灵江浮桥

灵江浮桥，又称"中津桥"，位于浙江省临海市城外，横卧于灵江之上。这是一座设计科学、构筑合理的古老浮桥，是我国古桥建筑中的一件杰作。现在，它在保存原有风貌和特点的基础上，已经变成了一座立体交叉式浮桥。

这座浮桥从宋淳熙八年（1181）创建之时起，至今已有800多年。桥长280余米，宽5米多。灵江浮桥的修建在我国桥梁建筑史上是一件了不起的大事。

灵江浮桥建成之后，南宋嘉定十五年（1222）进行了维修，明正德年间（1506–1521）进行了重修。清朝顺治十八年（1661）重修时，在浮桥的原址处建造了一座石桥，在今日灵江浮桥的地方修建了一座浮桥。康熙二十五年（1686）石桥被毁，又将浮桥迁回原址。1964年，当临海公路大桥建成之后，又把浮桥迁至今址，并对浮桥进行了适当改建。

1964年，在迁建临江浮桥时，在浮桥过船孔两侧的木船上，修建了高达1.2米的木排架，并在木排架上铺设了木板，使浮桥的整个桥面变成了曲形，过船孔的水面与桥面的垂直距离为2.2米。这样，桥下过船，桥上行人，可以同时进行，互不影响，使古老的灵江浮桥变成了一座水陆立体交叉的浮桥。

浙江杭州西湖断桥

断桥位于浙江省杭州市环湖北路和白堤之间，横跨在内西湖和外西湖的分水线上。西湖十景中著名的断桥残雪指的就是这里。据说，早在唐朝，断桥就已经建成，宋代称保佑桥，元代称段家桥。在西湖古今诸多大小桥梁中，它的名气最大。断桥之名得于唐朝。其名由来，一说孤山之路到此而断，故名；一说段家桥简称"段桥"，谐音为"断桥"。传说白娘子与许仙断桥相会，为断桥景物增添了浪漫色彩。

断桥是一座堤障式单孔石拱桥。桥面两侧设有青石栏杆。现在的断桥是1941年改建的，50年代又进行了修饰。桥的东北有碑亭，内立"断桥残雪"碑。

断桥残雪为西湖十景之一。其景观内涵说法不一，一般指冬日雪后，桥的阳面冰雪消融，但阴面仍有残雪似银，从高处眺望，桥似断非断。伫立桥头，放眼四望，远山近水，尽收眼底，是欣赏西湖雪景的佳地。

浙江新昌风雨桥

新昌风雨桥位于浙江省新昌县东南约40千米的巧英乡上三坑村，在旧时三泾至宁海的古道上。因行人过往能避风雨，故名。此桥建于嘉庆十九年(1814)，今存风雨桥、木拱桥，桥面上有桥廊可供行人避雨小憩和村民乘凉聚谈。桥长16.8米，宽4.78米，水底至桥廊檐高8.13米。桥廊用36根木柱支撑，每边13根，两侧木制板作桥栏。桥脚为23根圆木按两个"八"字形组合而成，其中14根木柱嵌进两岸石坎中，上铺桥板。1992年5月，我国桥梁专家唐寰澄教授应邀来此地考察，认为此桥是从宋代《清明上河图》中简化而出。现为县级文物保护单位。

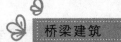

浙江绍兴广宁桥

广宁桥位于浙江省绍兴市广宁桥直街，横跨漕河。南邻八字桥，与大善塔相望。广宁桥为绍兴现存最长的七折边形单孔石拱桥。桥上置栏，拱券为纵联分节并列砌置，券顶镌刻

《鲤鱼跳龙门》《金龙伴玉兔》等六幅圆形石雕，有的面目狰狞奇形怪状，也有的虎头狮身愤怒吼叫，十分精致。桥脚内各设有纤道。桥东侧，南北引桥壁各嵌有石碑一通，桥北端西侧有《重建广宁桥记》石碑一通。

广宁桥全长60米、宽5米、高4.6米，净跨为6.1米，桥南设16级石阶，长25.3米，桥北石阶为20级，长26.3米。24根桥栏柱都雕以倒置荷花，雄健厚实，柱板花纹，优雅大方。此桥的抱鼓长3.7米，高0.65米，厚0.2米，如此长的抱鼓实属少见。桥洞拱石上刻有捐资修桥者的姓名。桥拱下有纤道，可供行走。桥上桥下两条道路交叉通行，故称"古代立交桥"。

广宁桥桥面微起弧拱，两侧设栏杆，塑柱，栏板饰云头子，保留了一些早期做法。桥身上刻有数处明万历二年(1074)建桥题记。广宁桥的多边形拱券结构是明、清时期绍兴地区的典型做法，为别处少见。广宁桥为浙江省文物保护单位。

浙江绍兴题扇桥

　　题扇桥位于浙江省绍兴城区萧山街，因王羲之在此为老妪题扇而得名，说明此桥在东晋时已存在。据嘉泰《会稽志》中记载，现桥始建于宋朝嘉泰以前。在道光八年（1828）重修。该桥桥拱为纵联分节并列砌筑。弧形桥栏较为少见。桥上原有石灯杆，为路人照明。现桥边仅存灯杆石插座一个。从该桥的风化程度可判断其为宋朝以前桥梁。该桥长3.8米，宽4.3米。桥坡石阶各为19级。从宋朝以后的志书中可以肯定题扇桥在此地未作过变动。在清光绪年代的

《策府统宗》一书中的《浙江古迹》条目里仅列题扇桥为绍兴古桥代表，可见此桥在外界的知名度极高。该桥为绍兴市文物保护单位。

浙江绍兴廊桥

廊桥位于浙江省绍兴市柯桥镇西，全桥呈少见的圆弧形，由二十孔石梁桥组成。采用不同体型的桥墩，使全桥形成圆弧。每孔跨度约为3.5米左右，桥面宽2米，由三块条石并行连接，桥板两侧刻有"万安桥"三字，望柱上有六只石狮。关于此桥还有一段英雄事迹：姚长子巧引倭寇进入廊桥的包围圈，全歼倭寇，自己壮烈牺牲，廊桥因此而更加闻名。桥头立有"姚先烈（长子）绝倭纪念碑"。现廊桥为乾隆三十三年（1768）建，同治六年（1867）重建。桥上刻有"乾隆三十三年建""万安桥""匠人孙其府造"等字样。

浙江绍兴避塘桥

避塘桥位于绍兴东浦镇湖口村东的猕猱湖，避塘横穿此湖，避塘桥便在避塘之中。风起时，避塘的一侧湖面有浪，另一侧无浪。船可以从避塘桥进入无风一侧的湖面避风。嘉庆《山阴县志》记载："明天启中，有石工覆舟，遇救得免。遂为僧，发愿誓筑石塘。十余年不成，抑郁以死。会稽张贤臣闻而悯之，于崇祯十五年（1642）建塘六里，为桥者三，名曰天济，盖罄资产为之，五年而工始竣。"据塘上的捐资碑记载，清代嘉庆、咸丰、同治和宣统年间均曾对此桥进行过修缮。道光己酉、庚戌年，因连遭大水，塘路俱坍圮。咸丰元年募款重修。工程自北湖梢至南首中济桥，共长1152米。今塘桥基本保持清代原貌。全长3.5千米。塘桥基部以条石垒叠，上铺长约2米的青石板。每隔500米左右筑一座石拱桥，全段共有5座，并建有一座石路亭。现为浙江省文物保护单位。

浙江绍兴荷湖大桥

荷湖大桥，又名登瀛桥、古荷湖桥，位于浙江省绍兴市斗门荷湖村，为14孔石梁平桥。高孔一端用九层石级抬高，中间实体桥墩上用实墩加高，低孔采用石排桩式桥墩，两排石排桩之间搁置石梁，组合成宽墩，有些外面还加框，桥面较宽，桥头一端采用坐凳桥栏。此桥高低起伏宛若一条长龙跃过江面。此处原为内河出海口，建桥难度极大，历代曾多次重修。现桥为乾隆年间重修。

传说荷湖大桥曾多次重修，在修建过程中还出过事故。一天，乌云密布，狂风暴雨席卷而来，天上下来一条龙，从刚修好的桥上游过，在桥面中间一根石梁上留下了一片龙鳞，这座桥就再也没有倒过。

浙江绍兴古小江桥

古小江桥位于绍兴市区萧山街口，大江桥侧，为南北向横跨古运河的单孔半圆形石拱桥。是著名文学家江文通的故居所在，故名江桥。该桥始建于宋代，桥面长3.55米，宽3.15米，桥高4.2米，拱高2.8米，桥拱跨径为5.5米，桥坡台阶各为15级。桥拱为分节并列砌筑，桥上设石凳式桥栏。过去站在小江桥上可以看到大善塔。桥西侧立有"永作屏藩"碑。屏藩有屏障、保卫、藩篱之意，此碑意为山阴、会稽二县的分界标志。虽然以后历朝历代都进行过修缮，但桥型不变，故称为"古小江桥"。桥桩应是桥重建或始建时打入。该桥为绍兴市文物保护点。

浙江新昌大庆桥

　　大庆桥位于浙江省新昌县沙溪乡真诏村西，跨真诏溪，该桥为3孔乱石拱桥，全长56米，宽4.7米，高9米，两边各有32级石阶。桥孔跨径分别为13米、13.9米和13.2米，条石干砌的桥墩立于岩石之上。桥墩设有分水尖。桥于牛郎织女渡河的七月七日告成，七月乃大庆之月，故名"大庆桥"。桥建成于咸丰十一年（1861），俞维乾募建。绍兴市区解放南路也有一座大庆桥，是一座半圆拱古桥。为了区别二者，新昌的大庆桥称为"真诏大庆桥"。

　　旧时此桥是沟通沙溪到董村的主要桥梁，是新昌古桥中一座颇有特色的石拱桥。桥面上也用嵌花鹅卵石铺就。夏日成为村民纳凉聊天儿的好场所。桥头还有一个冷水孔，水质清纯，并备有茶杯，供过往行人解渴，足见真诏人的淳朴厚道。

浙江绍兴泗龙桥

泗龙桥位于浙江省绍兴市鉴湖乡鲁东村。由三孔半圆联拱桥与二十孔石梁桥组成。全长96.4米，宽3米，三孔拱桥净跨分别为5.4米、6.1米、5.4米。此桥就像一条长龙横跨鉴湖，气势宏伟壮观。三孔主桥桥拱为纵联分节并列砌筑，桥墩为薄墩结构。

桥上有两间壁，间壁上刻有桥联："建近千年路达南北，名驰廿眼水通东西"。说明该桥始建于宋朝。对照嘉泰《会稽志》，此桥重建前的原桥应是宋朝诗人陆游在诗中多次题咏的鲁墟桥。

泗龙桥设计合理，造型别致，既便于通航又有利于沟通两岸交通，省工省料，是一种适合河道较宽、水流平缓的桥梁类型，具有较高的研究价值。

浙江新昌司马悔桥

司马悔桥，又名落马桥，位于浙江省新昌县班竹村边，桥边建有司马庙，是通天台古道上的主要桥梁之一。系单孔石拱桥，拱券为不规则的石块或卵石砌置。新昌至天台古道在东晋谢灵运时已开通，嘉泰《会稽志》记载："旧传唐司马子微隐天台山，被征至此而悔，因以为名。"据此说明此桥在唐时已存在，可能始建于东晋。清道光二十四年（1844）遭火焚毁重建。现桥长20.5米，桥面宽5.8米，高8.1米，净跨为11米，桥面铺卵石。侧墙正中有"落马桥"石刻碑一块。

浙江嵊州访友桥

访友桥始建于南宋淳熙九年（1182），位于浙江省嵊州市新山乡白宅墅村口。桥长5.2米、宽3米、高10米。时任浙东常平茶盐使的朱熹来嵊州赈灾，访故友吕规叔，相遇于桥上，桥因此得名。从桥名可推断出桥建于宋代以前。此桥为单孔三折边拱桥，在桥边石上有朱熹题写的"石泉漱玉"四字。该桥为嵊州市文物保护单位。

访友桥桥下潺潺的溪水从桥东面双口"吕"字井边流出，缓缓地流过访友桥往西流去。白宅墅村是剡中的一个古村落，也称梅墅，宋时吕规叔就在这座小山村里建有别墅。

吕大棋，字规叔。史传吕规叔因不满朝政，辞去监察御史的显职归隐鹿门，并创办鹿门书院，书院经历代维护，现保存完好。宋淳熙九年（1182），朱熹来嵊州赈灾，并上鹿门寻访故友吕规叔。古时交通不便，朱熹跋山涉水，迢迢而来，恰巧于村口桥上与故友相逢。桥下有清泉淙淙，谓之"漱玉泉"，声如佩玉叮咚，朱熹触景生情，欣然于桥旁题写"石泉漱玉"四字，"访友桥"也因逢两位宋代大儒而得名。现今的访友桥经清光绪十九年（1893）重新修缮，朱熹亲笔题名的"石泉漱玉"几个字仍完好无损地镌刻在桥

旁的一块青石上。桥上的护栏于近年用水泥斩石砌成。

过访友桥西200米处，坡地突起一片巨石，名曰"叠书岩"，是朱熹与吕规叔坐而论道之处。当年村西四周梅树环绕，暗香飘动，琼花竞放。村西迭书岩上朱熹题的"梅墅堆琼"阴刻行书经受了800年风霜雨雪的侵蚀，更显古朴苍劲。

浙江温州泰顺泗溪东桥

泗溪东桥始建于明隆庆四年(1570)。清乾隆十年(1745)、道光七年(1827)重修。位于浙江温州泰顺的泗溪镇下桥村。泗溪东桥为叠梁式木拱廊桥。桥长41.7米，宽4.86米，净跨为25.7米，离水面约9.5米。处在"将军逗狮"风水模式中的泗溪东桥，"虹气临虚，影摇波月"。桥拱上建有廊屋15间，中间高起的几间为楼阁。屋檐翼角飞挑，屋脊青龙绕虚，颇有吞云吐雾之势。此桥没有桥墩，由粗木架成"八"字形伸臂木拱，颇为罕见。东溪早时以碇步渡水，津道多阻，林正绪提倡首建蜈蚣桥(即泗溪东桥)。林正绪生性正直，好行义举，乾隆癸亥年(1743)邑侯张考首书"达尊有二"匾相赠。此桥修建者是修北涧桥的人的徒弟，故而有人也将这两桥称为"师徒桥"。因桥的外形美观，号称"最美的廊桥"。

浙江温州泰顺三条桥

三条桥位于浙江省泰顺三魁镇薛宅村，在温州垟溪乡和洲岭乡的交界处，由原先三巨木跨河为桥而得名，始建于宋绍兴七年（1137），重建于道光二十三年（1843），现为木叠梁拱式廊桥。全长26.63米，宽4米，离水面约10米。呈"八"字形伸臂，其上建11间桥屋，明间五架抬梁，柱头

有碟形莲花瓣头拱座，是泰顺历史最悠久的木拱廊桥，也可能是世界上最早建筑的"廊桥"。当年在拆旧桥时发现有贞观年号的旧瓦，因此有人猜测三条桥最早可能建于唐代。

该桥精巧秀丽，历史悠久，被编入《中国古代科技成就》，作为百种爱国主义教育丛书的内容宣传，显示了泰顺县劳动人民的聪明才智和古代桥梁建造的辉煌成就。

三条桥古朴优美，无名氏题在桥身木栏板上的一首《点绛唇》，更给我们带来了绵绵不尽的浪漫遐想："常忆青，与君依依解笑趣。山青水碧，人面何处去？人自多情，吟吟水边立，千万缕，溪水难寄，任是东流去。"

1982年三条桥被列为泰顺县第一批文物保护单位，后列入浙江省省级文物保护单位。

2006年作为泰顺廊桥的15座单体之一，成为第六批全国重点文物保护单位。

浙江新昌如意桥

　　如意桥，又名丁公桥，位于浙江省新昌县拔茅镇丁公桥村，为半圆形拱古桥。古桥建造者为丁天松。村名、桥名便是纪念这位造桥能匠。此桥取名"如意"，当是匠人的得意之作。桥于清乾隆年间重建。

　　如意桥因桥堍有祖师庙，故也称祖师桥。该桥建于元代，明、清两代多次大修，故桥身整齐优美，犹如新建一般，故乡民也称新桥。桥型为单孔石拱桥，桥长20.8米，宽3.4米，显得很稳固。全桥石料为一色花岗石，打凿整齐，桥面雕琢盘龙，右端有如意图案，在桥的壁柱上还刻有对联。

　　考虑到游人登桥休憩，如意桥的建造者们在桥的北堍修建了一条长石板凳，可同时坐七个人，石凳上凿刻"行道有福"四个苍劲有力的大字，乡民们干活或赶集路过，喜欢坐在石凳上边休息边聊天，并且总要笑谈刘伯温、朱元璋登桥的故事，为有这一段珍贵的历史而自豪。当他们看到"行道有福"的字样，心里就会喜滋滋的，身体的劳累就会一扫而尽。

　　风和日丽的日子，乡民登如意桥向西远眺，隐隐可见永安桥如一弯长虹，无限秀丽。此桥不仅历史悠久，而且保存得最好，于1994年被列为青浦区第四批文物保护对象。

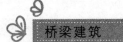
绍兴八字桥

八字桥位于浙江省绍兴市，为绍兴名桥。据嘉泰《会稽志》记载，八字桥始建于南宋嘉泰年间(1201-1204)，南宋宝祐四年(1256)重建，"两桥相对而斜，状如八字，故得名"。桥以石材构建，结构造型奇妙，八字桥陆连三路，水通南北，南承鉴湖之水，北达杭州古运河，为古代越城的主要水道之一。这里地处三街三河四路的交叉点，桥呈东西向，为石壁石柱墩式石梁桥，三向四面落坡，其中二落坡下再设二桥洞，解决了复杂的交通问题。桥面条石并列，长4.85米，桥高5米，净跨为4.5米；桥面宽3.2米，桥东西长27米；桥东的南北向落坡各为12.4米、17.4米，桥西的南向落坡为14米，西南落坡为17米。桥上置栏，望柱头雕覆莲。桥合石壁式，高4米，东西两面各立石柱9根，主孔下西面第五根墩柱上刻有"时宝——丙辰仲冬吉日建"。西端南面的踏跺下建一小孔，跨越小河。桥下石壁转角处被纤绳磨出的痕迹，至今历历在目，可见当年舟楫之盛。八字桥附近一带，古民宅保存较为完整，政府已作出保护规划。八字桥作为我国最早的"立交桥"，越来越受到海内外游客的青睐和赞叹。

小故事

　　我国著名桥梁专家陈从周先生曾说，八字桥是我国最早的"立交桥"。的确，八字桥陆连三路，水通南北，南承鉴湖之水，北达杭甬古运河，为古代越城的主要水道之一。一些专家学者、文人雅士常常结伴而来，有的考证研究，誉之为绍兴石桥的典范；有的援笔铺纸，形诸丹青，使其成了水乡独特的景点。绍兴人对八字桥情有独钟，在酷热难耐的夏夜，这里就成了消暑纳凉的露天"沙龙"。三三两两的人们，凭栏而坐，喝着大碗浓茶，谈古论今，往往要到北斗西移、凉风四起之时，才肯陆陆续续回家去。周围的一些店铺、路名甚至里弄一级的行政单位，也多用八字桥为名，以提高知名度。如今，八字桥已走向世界。常有三五成群的外国游客，雇了脚划船前来，或在桥身抚壁赞叹，或抱信桥栏中的覆莲形望柱爱不释手……此情此景，都随着闪光灯过处而被定格，从而传遍五湖四海。

浙江武义熟溪桥

熟溪桥位于浙江省武阳镇的熟溪上。现存建筑是1946年按清乾隆时重建的原样修建的。廊桥为木石结构，南北走向，横跨熟溪。桥全长140米，面宽4.8米，通高13.4米。九孔十墩，迎水面砌分水尖。墩高4.4米。最大桥孔孔径约为12米。桥屋49间，中设重檐歇山顶的亭阁3间。两端设垂带踏道。2000年6月23日，因连降暴雨、水流湍急，熟溪桥坍塌。2001年5月，熟溪桥修复工程竣工。

熟溪桥中段，桥面加宽，建有双层楼阁，屋顶重檐，屋角飞翘，取名为"岁丰阁"。"岁丰阁"匾额由著名书法家沙孟海题写。廊桥上还有许许多多书法名家留下的宝贵匾额和楹联。

熟溪桥位于武义县城中心，为重檐歇山顶亭阁廊桥，横跨武阳川，通济南北，气势宏伟，设计巧妙，距今已有800多年的历史，是我国古代桥梁建筑中的一朵奇葩。1986年8月27日，《光明日报》报头专栏将熟溪桥称之为"我国现存古代桥梁建筑中的艺术珍品"。如今，熟溪桥已成为武义的象征。

浙江湖州双林三桥

在浙江湖州双林古镇，以"三桥"为代表的桥文化自然景观具有很高的历史价值和文化品位。据《东西林汇考》记载：双林镇历史上曾经有125座桥梁，其中始建于宋代的有4座，始建于元代的有1座，始建于明代的13座，始建于清代的有35座。这些桥虽然经历长期的沧桑变迁，大部分已经废圮湮没，但至今仍不失为"江南古桥留存集中区"（《中华文物古迹旅游—古代桥梁》之语），目前，双林镇仅镇区尚有21座之多。

其中镇北的万元、化成、万魁三桥始建于明代以前，目前均为市级文保单位。三桥桥长均各为50米左右，且空间水平相距不到360米，这仅为江南独有。

双林三桥在省内乃至全国都具有一定的知名度，见于茅以升《中国古代桥技术》和徐望法《浙江古代道路交通史》等权威专著,著作中配有详细的图文说明。

三桥造型十分壮观挺拔,并列鼎峙,气势雄伟,近视依依相望,远眺层层相叠,有姐妹之称,又有凤凰尾之说。三桥结构巧妙,工艺精湛。桥上构件实用而美观,具有较高艺术美学价值和文化内涵。

万元桥在明嘉靖年间曾遭倭寇破坏,清代康熙、雍正两代都曾整修,道光十四年(1834)重建。桥高7米,长51米,宽3.5米。在三桥中,此桥最为挺拔秀丽。桥上石栏凿有狮子10对,憨态可爱。

　　化成桥，俗名塘桥，建于元延年间（1314—1320），初为木桥，至明嘉靖中始改石桥。志载："桥畔向缆客船，多乘夜行，谓之夜船埠。桥上设立灯杆，烂燃如昼，四方商贾望杆云集。"桥高6.6米，长46米，宽3.4米。

　　万魁桥，在禹王庙北，最初为木桥，至康熙元年才砌石，其后多次修建。桥高6.8米，长51米，宽3.2米。

　　关于这三座桥还有个有趣的传说，据当地百姓介绍，这三座桥也被称作"姐妹桥"，传说当年河水南岸有户商人家中有一对聪明伶俐的孪生姐妹，看到百姓行路难，姐姐抢先建造了万魁桥，桥建成后立即吩咐家人在桥上收"过桥费"，每人一次十个铜钱。百姓对此怨声载道。妹妹得知此事，用自己的积蓄也建了一座桥，叫万元桥。桥造成后，她叫家人当众宣布："过桥者分文不收。"于是，百姓们议论纷纷："姐妹俩两个样，一个善一个贪。"姐姐听了感到内心万分不安，为了赎回自己的罪过，又在万魁与万元之间建了一座化成桥，这就是传说中姐妹桥的来历，同时，也揭开了人们心中"咫尺之距，为何要连跨三桥"的疑问。

　　此外，万元，化成，万魁三

桥又有凤尾之说。据传，明太祖的军师刘伯温，学识渊博，上知天文下知地理，会看风水。他路过双林，感叹双林是块宝地，双林镇南的杨桥为凤首，桥墩双井为凤目，镇东的虹桥与镇西的大通桥相对，则为凤翼，镇北的万魁、化成、万元三桥并驾齐驱，称为凤尾。乘船在远处就可以看到三桥仿佛凤尾，当船逼近驶入桥下时，凤尾又化作贯穿运河的长龙。三桥高长相匹，鱼贯而列，形成了水乡泽国难得多见的壮丽景观，令人难以忘怀。

这三姐妹桥，是近6平方公里以内的以凤尾展翅为主题的凤尾。而塘桥头的头——凤凰头是正前方约3000米的阳道桥，此桥是单孔拱桥，桥形似鸟头，紧挨桥边的两口水井是凤凰的眼睛。在凤头与凤尾中间的两边各建有对称的东虹桥、西角桥，

形如凤凰翅膀。中间的凤体就是古镇双林。在凤头与凤尾直线上建有章家弄、塘桥弄等的连接作为脊骨，其他密布的桥则为肋，形态各异的居民中插建的许多小花园、凉亭或池塘为凤凰身上的羽华。

三桥雄峙于双林镇北，景色壮观。湖州人郭益杨曾为文描绘："三桥高长相匹，鱼贯而列，蕴含着吞吐沉浮的气势。乘船时在远处看去，随着船身的波动，就会看见三桥层叠上下，仿佛彩凤摆尾。尤其是黎明时分，在万魁桥孔中看日出，朝阳喷薄，云蒸霞蔚，三桥'甲光向日金麟开'，则又似游龙腾游于烟波之上"……此外，双林还以生产绫出名，双林镇出的绫在清代就是装裱字画的主要材料，直到现在故宫博物院还从双林镇购买绫。

福建泉州洛阳桥

洛阳桥，原名万安桥，位于泉州东郊的洛阳江上。它与北京的卢沟桥、河北的赵州桥、广东的广济桥并称为"中国古代四大名桥"。洛阳桥是我国现存最早的跨海梁式大石桥，也是世界桥梁筏形基础的开端。桥长731.29米、宽4.5米、高7.3米，有44座船形桥墩、645个扶栏、104只石狮、1座石亭、7座石塔。

洛阳桥址位于福建省江海汇合处，江潮汹涌，浪涛拍击。近千年前的中国桥梁工程师们，就是在这种困难的条件下，首创了一种直到近代才被人们所认识的新型桥基——"筏形基础"。所谓"筏形基础"，就是用船载石沿着桥梁中线抛下大量石块，使江底形成一条矮石堤，然后在堤上建桥墩。洛阳桥的桥墩形式也别具一格，值得一看。桥墩全部用长条石交错垒砌，两头尖，以分水势，减轻浪涛对桥墩的冲击。为了巩固基石，劳动人民还首创了"种蛎固基法"，即在基石上养殖牡蛎，使之胶结成牢固的中流砥柱。这是世界上把生物学应用于桥梁工程中的先例。至今，我们仍可以从那些缀满白色蛎房痕迹的桥墩石，窥探它当年的模样。洛阳桥的建造，使洛阳江天堑变通途。它为南宋时期泉州出现的大规模造桥工程，提供了丰富的经验。著名的安平桥、石笋桥、顺济桥等，都是仿造洛阳桥建造起来的。它成了我国造桥史上的一座丰碑，成了人们千古传诵的佳话。

建桥900余年以来，先后修复过十七次。桥之中亭附近历代碑刻林立，有

"万古安澜"等宋代摩崖石刻；桥北有昭惠庙、真身庵遗址；桥南有蔡襄祠，著名的蔡襄《万安桥记》宋碑，立于祠内，被誉为书法、记文、雕刻"三绝"。

小故事

相传蔡襄为天上文曲星下凡，他自幼聪明博学，十八岁高中状元。蔡襄从小受其母教诲，为官后要为乡人修桥，为民解难。所以他入朝为官后不久便申请回乡造福乡里。他回到泉州后，发现洛阳江水深浪大，想要造桥基是很难的。为此，他日夜发愁。一天，他突然梦见观音大士指点他派人向海龙王求助。蔡襄一觉醒来十分惊奇，便给海龙王写了一封求助公文，问手下衙吏："谁人下得海。"一个衙吏随即答道："小人夏得海！"原来此人姓夏名得海，误以为老爷叫他，随口应答。于是蔡襄便派他前往海龙王处投递公文。夏得海知道此去必然回不来了，便告别了妻子，买了一壶酒喝得大醉卧在海滩上，想让潮水卷走了事，哪知一觉醒来，黄色的公文袋变成了红色的公文袋，于是他连忙拿回来交给蔡襄，打开一看，只见上面写着一个"醋"字。蔡襄冥想，终于领悟到了海龙王的启示，当月廿一日酉时动工，果然此时海潮退落，三天三夜不涨潮，桥基终于顺利砌成。但是由于当时有限，桥的高度不够，每逢洪水，桥面经常会被淹没。

当时，李一是泉州的大富商，由于他生活奢侈，挥霍无度，被小人诬告，无故被抓往京城问罪。当他的囚车路过洛阳桥时，水已淹没路面，他很艰难地过了桥，因此他对天发誓，要是他平安无事回到家乡，一定出资将洛阳桥增高三尺。果然，三年后他顺利回家，因此就出资将桥增高了三尺。

福建晋江安平桥

安平桥位于福建省晋江市的安海镇，安海古称安平，桥因此得名；因桥长五里，又被称为五里桥。安平桥是用花岗岩和沙石构筑的梁式石桥，横跨晋江安海和南安水头两重镇的海滩，始建于南宋绍兴八年(1138)，前后历经13年建成，明、清两代均有修缮。现桥全长2070米，桥面宽3-3.6米，以巨型石板铺架桥面，两侧设有栏杆。桥墩用长条石和方形石横纵叠砌筑法，呈四方形、单边船形、双边船形三种形式，尚存331座，状如长虹。长桥的两旁，有石塔和石雕佛像，其栏杆柱头雕刻着雌、雄石狮与护桥将军石像。整座桥上面的东、西、中部分别设有五座凉亭，以供行人休息，并配有菩萨像。两边水中建有四座对称的方形石塔，一座圆形的翠堵婆塔，塔身雕刻佛祖，面相丰满慈善。中亭有两位护桥将军，高1.59-1.68米，头戴盔，身披甲，手执剑，是宋代石雕艺术的精华。安平桥有"天下无桥长此桥"的美称，为全国重点文物保护单位。

安平桥是我国现存古代最长的石桥，属于我国古代连梁式石板平桥，也是我国现存最长的海港大石桥。

福建漳州江东桥

　　江东桥，原名虎渡桥、通济桥，位于福建省漳州市龙文区榜山镇马崎村东，横跨于九龙江的北溪与西溪交汇入海处。这里两岸峻岭夹峙，江宽流急，地势十分险要，古称"三省通衢"。江东桥始建于南宋嘉定七年（1214），郡守庄夏始于此垒石为桥墩，但因水深流急，难以奏效。一天，工匠看见老虎负子渡江，于是沿虎渡水路线选址筑墩，终于成功，因此称为"虎渡桥"。嘉熙元年（1237），漳州郡守李韶倡改铺石板为桥面，后经元、明、清历代屡次修复。

　　江东桥是一座梁式大桥，总长约335米，某些石梁长达23.7米，沿宽度用三根石梁组成，每根宽1.7米，高1.9米，重达200多吨。该桥是我国古代十大名桥之一，为全国重点文物保护单位，并被《世界之最》一书列为世界最大石梁桥。

　　江东桥与泉州的洛阳桥、晋江的安平桥、福清的龙江桥合称为古代"福建四大石桥"。据《读史方舆纪要》称："江南石桥，虎渡第一"。江东桥这段溪流，古称"柳营江"，原是通津渡口，江东桥因"在郡之寅方"，寅属虎，故称"虎渡"。这里两岸峻岭对峙，万壑并趋，江宽流急，波涛汹涌，驾舟渡江，令人触目惊心。

福建临江镇安桥

　　镇安桥，原名临江桥，位于福建省最北端的浦城县临江境内，横跨临江溪，始建于明洪武十二年（1379），中华民国二十四年(1935)重建，为石木结构廊屋桥，桥基两墩3孔，为东西走向，墩由方石构筑，高10米，墩头有鸟首形石雕，廊屋高3.5米，悬山顶，木构栏杆全长40米，宽3.5米，桥两端有引桥，有石阶21级。桥梁上铺石板板面，上面覆盖桥廊，雕梁画栋，中间有藻井，供佛三尊。桥下有四座水碓，两座水坝，水平如镜，中间有放生池。现桥的桥墩在原来基础上建成，墩头有神鸟形石雕。桥全长70.5米，宽3.6米。有木柱23对，廊屋用悬山顶，两端引桥各长5米，桥头砖砌拱门，桥眉刻字"镇安保障"，是闽北保存最好的古桥之一。

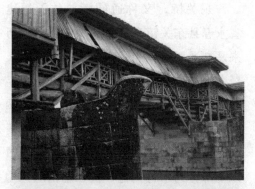

福建永春东关桥

  东关桥，又称通仙桥，位于福建省永春县东关镇东美村的湖洋溪上，历来是交通要道，为闽中、闽南往返的必经之地。东关桥始建于南宋绍兴十五年（1145），是闽南绝无仅有的长廊屋盖梁式桥，全长85米，宽5米，共六墩五孔两台，桥基采用"睡木沉基"，船形桥墩以上部分为木材构造，技艺之精湛，构造之奇特，实属罕见。桥下碧波万顷，舟帆片片，鹭鸶戏水，甚为惬意。

  东关桥在每个朝代都有修整，现存的这座木桥是清朝时期重新修复的。虽经历代多次重修，但仍完整地保留了宋代桥梁建筑的特点，是闽南一带罕见的长廊屋盖梁的桥梁，属于省级重点文物保护单位。桥墩是由大块的石头干砌而成，不用一丝一毫的钢筋水泥，桥墩下面还压着一层大松木，古称"睡木沉基"，在冬天枯水期水位降低的时候，透过清澈见底的溪水，能清楚地看见桥墩下面压着的松木，整座桥梁的重量就压在这个水下的松木上。松木历经千年都没有腐烂，不能不说是一个奇迹。墩上再用巨大的石头叠垒三层，用来架设大梁。每个桥孔用22根分上下两层铺设的特大杉木作梁，梁以上的部分全部都是木质结构，桥面上还盖有屋顶，就像装有顶棚的人行天桥一样，有桥屋26间，木架砖墙、青瓦屋顶。这座长廊屋盖梁式桥是根据闽南地区雨水很多的气候环境而设计构筑的。木梁桥上造桥屋，既

可供远行的人们借此歇脚避雨，又能增强桥梁的稳定性，阻止雨水直接渗入导致木梁腐烂，还能给山水之间增添无限画意，实用、坚固、美观兼而有之。

　　走进东关桥，里面全部由红漆漆就，古色古香。在每间桥屋的横间上都有一幅画，画着一些古代的传说，有哪吒闹海、沉香救母、嫦娥奔月……画面精美。透过脚下的古木板，隐隐约约可以看见碧绿的小溪，听见小溪那有节奏的歌唱声。东关桥现为福建省重点文物保护单位，并被载入《中国名胜词典》。

福清龙江桥

　　龙江桥，又称海口桥，坐落在福建省福州市福清市海口镇。横跨在龙江下游，是福清最长的一座古代石梁桥。它与龙海江东桥、泉州洛阳桥、晋江安平桥合称"福建省古代四大桥梁"，是福建省目前保存最完整的宋代石梁桥。

　　宋政和三年(1113)，太平寺僧人惠鄙、守恩等倡议造桥，后乡人林迁、林霸、陈侈、僧人妙觉等继续化缘建造，于宋宣和六年(1124)建成，初名螺江桥。南宋绍兴三十年(1160)，少卿林栗根据"江南沙合接龙首"的古谶语，更名为龙江桥。

　　龙江桥是一座梁式结构的石桥，上至石栏和独具匠心的横铺石板，下至填基架梁，均以石为材。现龙江桥有40孔，孔径为9−13米，桥宽4.2−5.2米，全长476米。桥墩高6米，呈舟形，两分水尖间长为10米，墩宽3.3−4.2米。六条石梁并排铺设在墩顶帽石上。石梁宽60−75厘米，厚60−90厘米，每条石梁约重15吨。在石梁之上再横铺石桥板，这在古代石桥中并不多见。大桥加上小桥，总长700多米，气势雄伟壮观。桥南还建造两座镇桥塔，分列左右，塔为七级六角。

　　龙江桥历史悠久，由于洪水、飓风、海潮的频频袭击，自明嘉靖二十三年(1544)至中华民国的400年间，历代都进行过修葺，可考的有十多次，平均每二三十年大修一次。新中国成立后，政府多次拨款维修，先后把第六、七、二十六孔的木桥面改修为石桥面，石梁断折也是随毁随修。1961年5月，龙江桥被列为福建省第一批重点文物保护单位。

福州万寿桥

　　福州万寿桥，又名大桥，位于福建省福州市的南门外，南北横跨于闽江之上。

　　该处原为渡口，清康熙七年(1668)，鼓山僧成源和里人柯应采为方便游人通行，募白银两千余两建造石桥，第二年12月竣工，前后历时1年多。该桥全长76.6米，宽2.6米多。以松石为基，建4墩，分水3道，墩高7.3米，除靠岸两墩，中间两桥墩皆呈船状，两头作三角分水尖型，以减轻长年急流的冲击。桥面平铺12条石梁，是利用退潮水浅时砌基垒石，涨潮时以水的浮力将载于船中的千斤石梁架上石墩。桥两端皆为石阶，桥中段也有石阶，中间高出30多厘米，以利于船只通行。

　　在万寿桥的两根石梁之间，横放着大小不完全一样的石板，以作桥面，供人们通行。这些石板一般长2-3米，厚30-33厘米。

　　除此之外，桥面两侧还设有栏杆，桥的两端还建有小亭。

　　明、清时期，福州万寿桥曾多次遭到毁损。为了通行汽车，人们于1929年在原桥上铺设了水泥路面，在石梁两侧加上了大钢梁，并在大钢梁之间加上了横梁，同时，人们还在桥面两侧添筑了人行道，使桥面的宽度增至6米。现在的福州万寿桥，不但古风犹存，而且又添新姿，给人以生机勃勃之感。

福建福清利桥

利桥，古称龙首桥，位于福建省福清市县城南门外，横跨在龙江两岸，建于宋天圣五年(1027)，元至治二年(1322)重修。明万历初年，县令许梦熊又主持修葺。因桥面对县衙，为堪舆所忌，叶向高之子成学与县父老诸生向县令凌汉种建议，移桥于小孤山，即现桥址，又于桥边建瑞云塔。

移桥建塔始于明万历三十四年(1606)冬，竣于万历四十三年(1615)秋，历时10年，由李邦达设计建造。桥长183.3米，宽5米，共19门。为石砌墩台的石板桥，石板宽0.32-0.7米，厚0.33-0.4米。石板置于帽石上，帽石为双层，每层两端各悬出0.35米，每墩每层平排铺砌石板13块。桥墩宽2米，长5.2米，两端设分水尖。桥跨径为6.5-11.5米，地基为木桩潜筏基础。移桥后，于清康熙、雍正年间虽有修葺，但终因年代长久，南端8门圮毁。

1958年在原石板上架设木梁木桥面，并在原10号桥墩基础上改造成"八"字形桥台，压缩了8孔，成为现在的10孔桥。1980年又在原台上加建钢筋混凝土台帽，原桥墩上设计悬挑式钢筋混凝土墩帽，上部结构为装配式钢筋混凝土空心板，桥全长90.8米，桥面净宽7米，两侧各有0.5米的安全带。1987年11月23日，利桥被列为福清市第二批重点文物保护单位。

四川都江堰安澜索桥

　　安澜索桥，又名珠浦桥、评事桥，位于四川省都江堰市区西北约2千米的岷江上，是沟通内外江两岸的交通要道。安澜桥是我国著名的五大古桥之一，最早称绳桥或竹藤桥，这与它的建筑材料有关。到了宋代，改称"评事桥"，明朝末年毁于战火。清嘉庆八年(1803)，邑人何先德提倡修建索桥，他们以木板为桥面，旁设扶栏。两岸行人可安渡狂澜，故更名"安澜桥"。建桥时何先德之妻杨氏出力不少，民间又称其为"夫妻桥"。

　　安澜桥原长320米，现长280米，以木排为板，石墩为柱，承托桥身；又以慈竹扭成的缆绳横架江面。1962年，人们对索桥进行了维修，改10根竹底绳为6根钢缆绳，改扶栏竹绳为铅丝绳，铅丝绳外以竹缆包缠。1964年岷江

洪水暴发，全桥被毁。重建时，只改木桥桩为钢筋混凝土桥桩，其余照旧。后因兴建外江水闸，将索桥下移100米，重建时改平房式桥头堡为大屋顶双层桥头堡，改单层金刚亭为可供行人休息的六角亭，增建沙黑河亭，桥长261米。为全国重点文物保护单位。

索桥是我国古代人民为征服高山峡谷，急流险滩，利用本地竹木资源创建的悬空过渡桥梁形式之一，是世界上索桥建筑的典范。

四川泸州龙脑桥

　　龙脑桥位于四川省泸州市泸县大田乡龙华村的九曲河上。建于明洪武年间，距今已有600多年的历史。岁月沧桑，其性质规模都未曾改动过，完完整整地保存了下来，在我国古桥中十分难得，尤其是精美雕刻的龙头龙尾、狮头狮尾、麒麟头尾都好像没有任何的风化损伤，更是难得。

　　龙脑桥的形制属于石板梁桥，共有十三孔十二个桥墩，连两旁泊岸共十四个桥墩。在桥墩之上架设石梁十三道，每道由两块石梁拼合而成。每块石梁长约3.6米，宽约1米，厚约0.6米，重约6吨。龙脑桥为东西走向，长54米，宽1.9米，高5.3米。布局奇特，雄伟壮观。中部的8座桥墩分别以巨石雕琢成吉祥走兽，共有四龙、二麒麟、一象、一狮。雕龙造型别致，口中衔"宝珠"，完全镂空，可用手拨动。风起时，龙鼻发出响声。象鼻卷曲，长牙上伸，身体下垂，神态自若，给人以宁静、安详之感。雄狮、麒麟栩栩如生，各具特色。

　　该桥为石墩石梁式平桥，既未用榫卯衔接，也未用连接物填缝，全靠各构件本身相互垒砌承托。在建造技术上具有较高价值，是我国古代桥梁中的罕见之作。为全国重点文物保护单位。

四川泸定桥

泸定桥位于四川省西部的大渡河上，是一座由清朝康熙皇帝御批建造的悬索桥。1935年，中国工农红军在长征途中"飞夺泸定桥"，使之成为中国共产党重要的历史纪念地。1961年，泸定桥被国务院公布为第一批全国重点文物保护单位。

泸定铁索桥全长103.67米，宽3米，由桥身、桥台、桥亭三部分组成。桥身由13根碗口粗的铁链组成，左右两边各2根，算是桥栏，底下并排9根，铺上木板，就算是桥面。每根铁链由862～997个由熟铁手工打造的铁环相扣，总重量达21吨多。底链上满铺木板，扶手与底链之间用小铁链相连接，这样就13根链为一个整体。桥台为固定的龙桩和卧龙桩的基础，桥亭属清式古建筑。河对面山坡上有历史悠久的观音阁。但在红军飞夺泸定桥时，它却是红军"飞夺泸定桥点指挥部"和炮台、机枪阵地，正是在它的掩护下，红军的18勇士从13根铁索上奋勇爬过，粉碎了蒋介石让朱、毛"成为第二个石达开"的计划。

走在桥上，大渡河波涛汹涌。堡基面以下是落井，埋有生铁铸造的地龙桩和卧龙桩，并以铁链锚固，这根铁柱，就是地龙柱，重量达9千克，这和孙悟空金箍棒的重量差不多，大约也只有它才能撑起这座桥了。由此，我们也可以感受到中国人民非凡的智慧与无穷的创造力。

四川汶川铃绳桥

铃绳桥又名镇关索桥，位于四川省汶川县城北的关心寺旁。

过去，铃绳桥是一座竹索桥，索上挂有风铃，故名"铃绳桥"。现在，它已变成了一座钢索桥。

铃绳桥为单孔竹桥，桥长158米，桥面宽2.6米。这是居住在当地的人们穿河过江的重要通道。

铃绳桥共用竹绳22根，每根直径约为0.5米。其中，底绳14根，上铺木板，以方便人们的往来通行；其余8根分别列于左右两侧，每侧4根，并和木栏杆一起构成了桥的护栏。

在桥的两端，各设将军柱两根、楼房一座。将军柱高2米，柱间安设横梁一根。铃绳桥的桥绳就绕在将军柱的横梁上，不至过分下坠。在楼房的下层，立有两根大柱，一根叫"立柱"，一根叫"转柱"。立柱上拴着桥绳，而转柱的作用就是把桥绳绞紧，以便保持桥梁的平稳。

铃绳桥始建于何时，史料上没有任何记载，现已无法查知。但是，《汶川县志》记载，在清朝乾隆四十一年（1776）的奏折中，就已经提到了这座索桥。由此可以得知，铃绳桥的始建最迟不晚于18世纪中期。

铃绳桥每年都要进行维修，现在它的竹索已经被钢绳代替。

铃绳桥倒映水中，非常美丽。入夜，人们嬉戏着从桥上而过，笑声、铃声不绝于耳，横桥夜渡为昔日汶川八景之一。

贵州黎平地坪花桥

地坪花桥位于贵州省黎平城南54千米，始建于清光绪九年（1883）。桥墩用青石砌成，桥为木质结构。桥廊连在梁的上面，桥廊长56米，桥面宽4.5米。桥廊上建有桥楼3座。中楼高5米，5层重檐，4角攒尖顶，顶部置葫芦宝顶，宝顶下饰以如意头装饰，形似鼓楼。两头小楼高3米，3层重檐，悬山顶屋面。全桥结构不用一钉一铆，全用穿榫衔接。桥拱脊上，泥塑双龙抢宝、鸳鸯鸾凤。桥楼翼角，分别泥塑各种珍禽异兽。桥廊两侧，有1米高的梳齿栏杆。栏杆外面又有一层外挑为1.4米的挑檐。桥廊内两侧设置连通板凳供人休憩。上部的花板绘有各种侗族风情人物故事及山水、花木、动物等彩画。此外，"桥中楼"四柱绘有四条青龙抱柱，顶层花板又绘龙凤鹤中齐欢。桥的两头柱壁有三幅楹联。地坪花桥现为贵州省重点文物保护单位。

地坪花桥为石墩木梁式桥。桥墩上建有平面为方形的攒尖顶式密檐楼阁。这座桥梁，楼阁峥嵘，阁道绵延，密檐翘角，形式美观，呈现出当地少数民族建筑的独特风貌。

流经地坪桥下的河叫"地坪河"，自南江河而下，流经乡境内，至广西高安入都柳江，全长约30千米，可通木帆船及放运木排等，未通公路前，曾为县内东南部地区水运交通咽喉要地。相传这里未开发前是一块荒芜的沙滩。后来人们将它开垦成数块大小不等的平地，便在这里定居，所以叫"地坪"。

桥的下部由两排各为8根粗大的杉木穿榫连成一体。分两层呈天平状向两边悬挑，每层挑出约2米，上部两头又分两层，每层以4根合抱大的古杉用榫连成一排，叠成桥梁架于墩岸之间。

桥北端的平地上，配建有一座风雨亭，高约9米，为六角攒尖顶，顶上置一宝葫芦，小巧别致，全桥布局、构造和装饰有着浓厚的民族色彩。

地坪花桥除了便于行人过往小憩之外，还是当地侗族人民进行欢歌娱乐的场所。每年中秋，地坪附近的侗村苗寨，都会组织芦笙队欢聚在这里比赛。凡重大节日庆典，侗家男女老少，穿着盛装，云集桥上，载歌载舞，热情迎送宾客。国家邮电部曾用地坪花桥作为图案发行邮票。

贵州大七孔桥

　　大七孔桥，原名万善桥，又名双溪桥，位于贵州省王蒙乡孟塘村附近的孟塘河（又名"打狗河"）上，有七个桥孔，高7米、宽4.5米、长35米，横跨东西。修建于清道光二十年(1847)，落成于三十年(1850)，后因桥被洪水冲毁一孔，交通中断。清光绪三年(1877)重新修复，改名为双溪桥。是新中国成立前荔波县境内第一大石拱桥，现今通向小七孔的公路经过桥上，是大七孔旅游区的重要桥梁和景物之一。

　　从大七孔桥溯流而上，迎面而来的是一道长长的天神峡谷，峡谷内危崖层叠，峭壁耸立，岚气缭绕。前行约1千米后，仰望左崖有一座高、宽各约100多米的峭壁直冲云霄，绝壁上附着朵朵钟乳、层层翠林，如同一幅色彩斑斓的油画。壁上还有三个自下而上的大小洞穴，洞口绿树丛生，情趣盎然。据说最为奇异的是，在这里不能大声呼叫，否则绝壁上的大小石块会飞溅而来，当地百姓谓之天神恼怒，这里因此得名"恐怖峡"。

云南澜沧江霁虹桥

　　霁虹桥史称"兰津桥"，位于云南省永平县岩洞乡和保山市平坡乡的澜沧江上，素有"西南第一桥"的美誉，是我国最早的铁索桥之一。南诏时渡口已建有竹索吊桥，明成化年间（1465-1487）改建铁索吊桥。今天的铁索桥为清康熙二十年（1681）建造，光绪年间重修。桥长115米，宽3.8米，净跨为56.2米，由9股18条铁链组成，两条为左右扶手，其余为底，上面铺有横直交叉的两层木板。两岸筑成半圆形桥墩，铁链两头铆死在两岸桥台上，西岸是悬崖，东岸是险峰，下面是滔滔江水，十分险峻。桥两端建有桥亭关楼。桥南普陀岩壁上刻有"西南第一桥""悬崖奇渡""要塞天成""壁立万仞""沧水飞虹""天南锁钥"等题字。霁虹桥被大旅行家徐霞客誉为"迤西咽喉，千载不能改也"，在我国桥梁建筑史上有着重要地位。

　　相传当年造铁索桥时，原有的木桥被江水冲毁，要把每根粗如手臂，重数千斤、长百余米的铁链从河东岸送到西岸是十分困难的。一位年轻的工匠从射箭猎兽中得到启示，根据他的建议，工匠们在陡峭的东岸用数根粗细不等、与铁链一般长的麻绳由细至粗结好，然后把粗头系在铁链上，细头系在箭尾上，射到西岸，西岸的工匠把麻绳捆在绞车上，摇动转轮，将铁链拖到西岸，固定在埋入地下几米深的铁铸万年桩上。

云南滇西古桥

　　无论到云龙游览过古桥的人们，还是在其他文刊杂志上了解到云龙古桥的读者，都是在一阵赞叹之后，首先提出这样一个问题：云龙怎么会有那么多的古桥？"隔山容易隔水难"，这句在云龙留传了千百年的谚语，就是最浓缩的答案。

　　云龙是大理白族自治州最西面的一个县，地处滇西纵谷区，怒江从县境西部穿过，澜沧江流经境内百余千米，把县域一分为二，辖区内高山林立，泉水潺潺，内布江河数十条，溪流数以千计。云龙江河之多，水资源之丰富，其他地区是难以与之相比的，真可谓是大自然的恩赐。但事物总有正反两面，在大江大河的阻隔中生活，艰难程度也就不言而喻了。云龙古桥就是人们战胜自然的物证，也是生活在这里的各族人民智慧的遗产。

　　云龙古桥众多的另一个重要原因，就是古代人们对云龙盐业和银铜矿的开发，为修桥奠定了物质基础。云龙是云南盐井开发最早的地区之一，共有八井，开发最早的始于汉、唐，明、清年间成为云南四大产盐地之一，食盐销到保山、腾冲、西藏以及缅甸、印度等地。盐业兴旺，带来百业繁荣，修桥铺路，开拓外交。尤其是人才辈出，有识之士捐资、倡修桥梁蔚然成风。

桥梁类型分为梁桥、浮桥、拱桥、吊桥四种，云龙古桥四种类型都有，其中梁、拱、吊三种类型居多，大小古桥近百座，少量分布在澜沧江上，多数建造在沘江及其支流上。沘江发源于兰坪白族普米族自治县，途经云龙100多千米，最后流入澜沧江。沘江两岸分布着云龙古代的八大盐井，人口密集。用最古老朴素的眼光来看，云龙古桥的作用就是方便人畜通行，而从历史渊源上进行考察，它在内外交往中的地位是难以取代的，因此，古桥在云龙的发展史上留下了浓墨重彩的一笔，用更长远的眼光来看，云龙古桥是中国乃至世界古桥梁艺术博物馆的一个重要组成部分，这一点已被越来越多的人所认识和了解。

云南建水双龙桥

双龙桥位于云南省建水县城西3千米处，是一座十七孔大石拱桥，横亘于泸江河和塌冲河交汇处的河面上，因两河犹如双龙盘曲而得名。清乾隆年间始建三孔，后因塌冲河改道至此，又于1839年续建14孔。整座桥由数万块巨大的青石砌成，全长148米，桥宽3~5米，桥面宽敞平坦。桥上建有三座造型别致的亭阁。中间的大阁为三重檐方形主阁，高近29米，边长16米，层檐重叠，檐角交错。拾级登楼，可远眺万顷田畴、万家灯火。南端桥亭为重檐六角攒尖顶，檐角飞翘，玲珑秀丽。双龙桥是云南省石桥中规模最大的一座，它承袭我国连拱桥的传统风格，是我国古桥梁中的佳作，为省级重点文物保护单位。

从远处看双龙桥，它突起在建水西坝的十里平川之间，十七个桥孔一字排开，孔孔相连，雄伟壮丽，如长虹卧波，倒映在水天一色之中。高耸的阁楼，在绿野的包围中，仿佛是静静的碧水湖面上飘来的一艘大船。走近拱桥，才发现桥上的阁楼楼中有楼、檐外有檐，雕琢精美，漫步桥上，恰似复道行空。泸江、塌冲二水从远方滚滚而来，在脚下汇合又一泻千里。走进桥上的楼阁，精湛的工艺，得体的布局，相得益彰。小的楼阁为重檐攒尖顶楼阁，檐角高翘。登楼而上，还可以欣赏楼内的漏窗屏门，空镂花卉、鸟兽、游龙、神像。让人不得不为古人的高超技艺而惊叹。

双龙桥上还有许多特殊的地方，比如桥面的宽窄不同，拱跨的长短不同，

桥墩分水尖的长度不同。据了解，清乾隆年间，泸江上的木桥常被洪水冲毁，便改建为3孔石拱桥，全长36.7米，宽4.3米，中拱净跨为6.5米。道光初年，这里暴雨成灾，山洪陡涨，西南方的塌冲河决堤改道至此并汇入泸江河，使河面增宽了近百米，原建的三孔石桥被孤零零地遗弃在新河的岸边。当地居民只得在石桥南端新建石桥14孔，与原有的3孔成雁齿连接。正中一孔用巨石砌成的长、宽、高各为16、9、10米的台墩，上建一座大阁楼，下留有泄水孔洞，桥的南北两端各建一阁，三阁交相辉映。后因战火，三阁均化为灰烬。光绪二十二年（1896）再建三阁，护国战争中叛军逃溃时，焚毁了北端的桥亭，仅剩一大一小两阁。中间的大阁现为坊式结构，三层，比原先增高了一层，底层原为人马通道，现可供两轮、三轮摩托和农用车通行。屋顶为琉璃黄瓦，歇山顶，高接云霄，造型的独特在于顶层分隔成小屋三间，一大二小，呈"山"字形排列，屋顶也分解成"品"字形的三个小歇山顶，二楼也因势隆起四个小歇山顶。

　　双龙桥是云南古桥梁中规模最大、艺术价值最高的一座多孔连拱桥，它承袭了我国古代桥梁建筑风格的特点，融桥梁建筑科学和造型艺术为一体，凝聚着滇南人民高超的技术和才智，其建筑规模和艺术价值在国内首屈一指，是我国古桥梁中的佳作，在我国古桥梁史上占有重要地位。

云南禄丰星宿桥

　　星宿桥，原名"永丰桥"，建于明万历年间。星宿桥跨于禄丰县西门外的禄衣河（又称"星宿江"）上，俗称"西门大桥"。这里江面宽阔，石头显露，状若群星密布，故而得名。桥西有一座大型石坊，上雕瓦檐斗拱，中间嵌有道光十二年（1832）《修建星宿桥碑记》石刻，共9通。碑文详细叙述建桥始末和名人题联。东、西桥头各置石狮1对，神态各异，威武雄健。桥上的石坊、碑、石雕融为一体，相映成趣，构成一套完美的建筑组合。1983年被列为省级重点文物保护单位。

　　星宿桥为七孔尖拱石桥，长96.5米，宽9.8米，桥面两侧砌有实体护栏，高0.6米，厚0.4米。两头船形桥堍长18米，宽4.3米。桥身全用红砂石砌成，石条之间用石灰掺糯米浆浇灌，粘连紧密，坚硬牢固。桥东建有一座琉璃龙脊木坊，4柱3门，斗拱飞檐，精致美观。木柱两旁有扁形石鼓，上雕龙盘虎踞，栩栩如生。坊上木匾题有"星宿桥"三个大字，为太子少保、云贵总督阮元于道光十年（1830）所题写。

广西三江程阳桥

三江程阳桥，又叫永济桥、程阳风雨桥等，位于广西北部与湘黔两省相接的三江县城古宜镇北面20千米处的砟林溪马安寨林溪河上，始建于1916年，历时12年。程阳桥五墩、四孔。整座桥长64.4米，宽3.75米，高10.6米，桥洞的跨度为22.8米。程阳桥的五个桥墩都是用石料砌筑而成。每个桥墩各长8.2米，宽2.5米，前后两端均修建为分水尖的形状，以减弱河水对桥墩的冲击力。

不过，程阳桥的建筑特点并不在它的桥墩上，而在它的木梁和桥楼上。

由于程阳桥两墩之间的跨度较大，而此地用于建桥的杉木，最大长度一般也只有7-8米，这就给建桥带来了困难。为了解决这一问题，人们采用了双伸臂的木梁建造形式。为了使横跨在两墩之间的木梁牢固结实，便在每个石桥墩上各建造桥楼一座。程阳桥有五个桥墩，于是便修建了五座桥楼。五座桥楼均为楼阁式，各五层。

在桥楼的木板和柱头上，还雕刻着龙凤、花卉等图案。桥楼之间以长廊相通，两侧设座，可供行人休息及观赏四周风景。

整座桥梁不用一钉一铆，大小条木，凿木相吻，以榫衔接。全部结构，斜穿直套，纵横交错，却一丝不差。程阳桥是侗寨风雨桥的代表作，是目前保存最好、规模最大的风雨桥，也是中国木制建筑中的艺术珍品。现为全国重点文物保护单位。

小故事

关于风雨桥的来历，在侗族民间流传着这样一个故事。相传原先并没有风雨桥，只有独木桥。后因螃蟹精作怪，摇倒木桥，抢走过桥的侗族少女。有一条好心的花龙见义勇为，将螃蟹精杀死，救出了少女，牺牲了自己。人们为了纪念花龙，将独木桥改为风雨桥，并在桥上雕刻花龙的形象。故风雨桥又称回龙桥。

广西三江琶团培龙桥

　　琶团培龙桥位于广西壮族自治区三江侗族自治县的独峒乡，建于清宣统二年（1910）。桥盖长50米，宽4.5米，桥台近距30.4米，一墩两孔二台三亭。桥面分人行道和畜行道，畜行道挂于桥侧，上下异层，与现代的双层立交桥有异曲同工之妙。人行道部分以9根直径为40厘米左右的圆木排成两层托架梁，两层托架梁之间的横木按一定的距离隔开，大梁则支座在上层托架的两端。大梁叠成两层，其用料及联结方式与托架梁相同。而畜行道部分，则巧妙地挂在人行道的南侧（河的上游），托架梁为一层，托架之上铺一层大梁，其构造与人行道相同。琶团培龙桥由于功能处理独具匠心，被专家们称为"古今中外，独一无二"，是民间桥梁建筑之典范。桥的另一个特点是由两位工匠修建，各从一头建去，各有风格，却浑然天成地统一在一个整体中，真是妙不可言。

桂林花桥

花桥位于广西桂林七星岩旁小东江和灵剑江交汇处，初建于南宋（1127—1279），原名"嘉熙桥"。元代时被洪水冲垮，明景泰七年（1456）重建为木桥，明嘉靖十九年（1540）改建为石桥，并易名花桥。

花桥长125米余，高7米余，全用方整的石块砌成，共分两段。前段为旱桥，起泄洪和济渡的作用，有七个拱，拱孔处东向西变小；后段为水桥，有四个拱，拱孔大致相同。桥面东段筑有一条长廊，上有老树藤，枝叶遮全石，犹如巨人撑大伞。为当地戴头花、穿民族服装的少数民族妇女的集散地。石北半腰仍遗下水文资料，两侧则是很珍贵的古代水情记录。全桥的桥拱、桥亭、栏杆和细部花饰，比例匀称，造型美观，都体现出高超的建筑技术水平。

从花桥东岸左行即到普陀山麓，右行即到月牙山的玉衡山麓。桥似长亭，可避风雨。石桥的拱脚很薄，孔与孔间衔接适宜，十分秀雅。清波反照，桥孔圆如皓月，半浮水上，半沉水下，天光云影，浮动水中，蔚为壮观。整座桥设计精细，风格独特。

小故事

据说当年修花桥募捐时，领头的照例办一桌酒席邀请大家入席，吃一块猪肉捐十两银子。有一个穿得破破烂烂的老头，一连吃了十几块，认捐时，他一口答应捐一孔桥的钱。众人以为他胡扯，一起来到他家，只见一串一串的钱堆满了一屋子。老头子捐了钱，人们要刻碑留名，问他姓名，他说："我是划船的，船上有猪头龙。"人们只好在栏杆柱子上刻了一个猪头。

修桥时，请来桂林最有名的师傅，雇来一百名石工，限定一百天完成。修了九十九天，最后一天合拢时，师傅指挥大家把一块事先量好的石块往桥上最后一个缺口上架，谁知石块却整整短了五分。这时，石工中一位老者站出来说："我的活儿还没完，合拢还不到时候。申末酉初，我叫你们。"这老者自开工以来，天天在玉兔岩烧火，火烧得又大又猛，谁也不知道他在烧什么。大家见合拢无计，便暂且听他的。傍晚，只见老者从玉兔岩中拖出一把三尺长、明晃晃的利剑，众人把利剑和石块并排架在缺口上，刚好合适，花桥终于建成了。

落成那天，要挑个福分好的人来踩桥，以图吉利。谁知一个穿着破烂的老头挑着两筐牛屎抢先闯到桥上，他跑到桥中，把牛屎洒得满桥都是。人们骂他，他却笑嘻嘻地说："你们看，这是什么？"大家一看，都呆住了，原来牛屎变成铁水都灌进桥里去了。

修花桥以前，小东江上也曾修过桥，但好几次都被洪水冲垮。原来江里有蛟龙，洪水一来，蛟龙一过桥，桥就会被拱塌。这次花桥刚修好，洪水就来了，蛟龙又起，但就是不敢过水桥，只能钻旱桥，因为水桥下面安了那位老者炼出的斩龙剑，桥身还用铁水灌过，再大的洪水也冲不垮。花桥安稳了。人们传说，捐钱砌一孔桥的、安斩龙剑的、挑牛屎的，都是一个人——鲁班师傅。

广东陆丰迎仙桥

迎仙桥位于广东省陆丰市东海镇，横跨东海，是陆丰连贯新旧墟的交通要道。始建于南宋宝祐二年（1254），其时为十三洞木桥。据《陆丰县志》载："邑南门外当新旧墟间，长一十三洞，宋宝祐甲寅知县肖泰夫建。"民间相传桥建成后桥神肆虐，为祈求神明点化，迎接仙人常临人间驱邪造福而得名。

清康熙初年因战事毁坏重修。雍正四年（1726）又被洪水冲断，重建为石砌九孔墩柱式平桥，长68米，桥身置石栏杆。乾隆八年（1743），石栏板折断，遂以木板修复。乾隆九年（1744）端阳节，人们来看龙舟，争先拥挤，木栏损坏，17人溺死。后重用石板修复。1934年，桥面改建为钢筋混凝土结构，宽4.9米，桥墩保留。抗日战争时期，曾遭日机轰炸，1969年桥面扩大并加固，面宽加至8米，两端各填去一孔，成为六墩七孔平桥。1990年全桥拆除，重建为三孔大型石拱桥，面宽20米，两边设人行道置石栏杆。"仙桥夜月"为古代陆丰八景之一。该桥桥名是由当年全国政协副主席程思远书写的。

广东广济桥

　　潮州广济桥，又名湘子桥，始建于宋乾道七年（1171），全长518米，位于潮州古城东门外，横跨韩江，是与赵州桥、洛阳桥、卢沟桥齐名的中国四大古桥之一，被茅以升誉为"世界上最早的启闭式桥梁"。1988年，中华人民共和国国务院将其公布为全国重点文物保护单位。

　　起初韩江之上并无桥梁，"由东出入广者，至潮有常一江之阻"。鉴于摆渡之难、无桥之苦，潮州知州曾汪于乾道七年（1171），花了3个月的时间，搭建了一座浮桥。它由86艘渔船用铁链缀接而成，并在江心筑起一个石洲，将浮桥分成东、西两个部分，以增强其承受水流冲击的能力。桥建成后，命名为"康济桥"，这便是最早的广济桥。鉴于江宽水急，在生产力落后的情况下，能建造出这样一座大桥，其难度是相当大的，故民间有"仙佛造桥"的传说。

　　广济桥建成之后，在50多年的时间里又先后由近10位州官主持，在韩江河道上分东、西两段筑起22个石墩，架起木梁。到绍定元年（1228），桥西一共建造了10个桥墩。其中淳熙十六年（1189）修建的规模最大，筑造了4个桥墩，此工程由丁允元主持，因此西桥被称为丁侯桥。绍熙五年（1194），知州沈宗禹开始修筑桥东。两年后，知州漳州人陈宏规在东岸又增筑了两个桥墩，并称桥东为"济川桥"。至开禧元年（1205），桥东连同曾汪创建的江心洲，共筑成桥墩12座。东、西桥建起来后，中间一段，因水流湍急，仍用浮舟联结，形成了浮桥与梁桥相连的基本格局。

　　元大德十年（1306），潮州总管常元德在东岸又增筑一墩。20年后，判官买住（蒙古人）首次用

石板代替木板架桥，由于石板的宽度和厚度不够，容易折断，只架了4孔，但给后代修桥提供了有力的帮助。

明宣德十年（1435），潮州知府王源主持对桥进行大规模的重修，全面加固23个桥墩，墩上加梁，木石间用，梁上铺厚板，板上再铺砖，并用灰勾锋以防火。为使行人免遭日晒雨淋，还在桥上建126间亭屋。亭屋间建起12座楼台，以壮游观。江心急流处，仍用24艘船只联结浮桥。浮桥用3根铁索固定，每根铁索重达2000千克。桥修好后，更名为"广济桥"，王源亲自题写桥名，刻碑立于桥头。桥的雄伟壮观之景，令世人叹为观止，并被誉为"江南第一桥"。

为确保广济桥的长治久安，明正德五年（1510），知府郑良佐拆去桥上的亭屋，而在桥墩间架起石梁。嘉靖九年（1530），知府丘其仁减浮船六艘，遂成"十八梭船廿四洲"的独特风格。

清代以来，广济桥虽历经修缮，但仍保持其建筑格局。随着时间的流逝，至新中国成立前夕，广济桥已残破不堪。1958年，政府对广济桥进行了全面维修，并撤去"十八梭船浮桥"，修建成钢架桥梁。1976年又一次进行扩建，原7米宽的桥面行道，桥两侧各加宽2米做人行道，即广济桥的现貌。因日益发展的交通的需要，为切实保护好这座具有重大历史、科学、艺术价值的古城，1989年，潮州市政府在广济桥下游1千米处新建成了韩江大桥，使广济桥有条件限制机动车辆通行而成为步行桥，为保护和修复广济桥提供了重要保证。

广济桥集梁桥、拱桥、浮桥于一体，是中国桥梁史上的孤例，体现了古代建桥者高度的智慧和技巧。除其历史悠久外，还有本身独特的建筑风格和极高

的观赏价值。广济桥采用梁舟结合的建筑形式，开世界上启闭式桥梁之先河，刚柔相济，生动体现了美学与力学、建筑与艺术的完美统一。同时，广济桥巨大的石洲（石墩）全部是石砌，大小不一，形态各异，南北两端均作尖形，利于缓和水流的冲击，石块与石块之间不用灰浆，但凿有卯榫，其宽度为6—13米、长度为11—22米。各墩宽度相加，竟达207米，占桥总长的40%，中段用18艘梭船联成浮桥，能开能合，当大船、木排通过时，可以将浮桥中的浮船解开，让船只、木排通过。然后再将浮船归回原处，是中国也是世界上最早的一座开关活动式大石桥。桥面的石梁也都十分巨大，最大的长约18米，宽1米，高1.2米，重约50吨。在古代设备简陋的情况下，架设这样巨大的石梁，其难度可想而知，充分显示了古代劳动人民的顽强毅力和高超的建筑技术。

在桥的初建阶段，便有筑亭于桥墩上的举措，并有"冰壶""玉鉴"和"小蓬莱"等美称。至王源修建广济桥时，将亭台楼阁作为桥体的有机组成部分，12座华美的楼阁分布在亭屋间，强调起伏的变化。同时，楼阁也改变了以往过于封闭的结构缺陷，楼上开窗，使游客能领略桥梁四周的景色。这些楼台

亭阁规模之大，形态之多，装饰之美，实属罕见。既具有可供人休憩的实用性，同时也成为游览胜地。广济桥上有望楼，为我国桥梁史上所仅见。

广济桥在潮州城东门外，横卧在滚滚的韩江之上，东临笔架山，西接东门闹市，南眺凤凰洲，北仰金城山，景色壮丽迷人。

小故事

相传，韩愈被贬到潮州后，时常登东山门（即今笔架山）游玩，深感过江之苦，便请他的侄孙韩湘子和广济和尚一起造桥。韩湘子造东面一段桥，请八仙来帮忙。韩湘子亲自去凤凰山取石，把石头都变成黑猪，一路赶来，但最后一群猪刚赶到凤南时，被一个孕妇识破，怪叫起来："石头怎么会走路？"一句话泄破了天机，石头再也赶不动了，因此韩湘子负责的东面最后几个桥墩没有修起来。广济和尚造西南一段桥，也请来十八罗汉帮忙。他亲自去桑浦山开取石头，把石头点化成一群乌羊，地主便说："你这和尚哪来的羊呀！分明是我家的。"广济和尚被纠缠得不耐烦，便说："既然是你家的羊，便赶到你田里去吧！"地主把羊一齐赶到他自己的田里去，却变成一座座乌石山，把地主的良田压掉了。相传这就是乌羊山的由来。因为最后一批黑猪、乌羊没有及时赶来，中间一段桥便没法修拢。怎么办？天就快亮了。八仙中的何仙姑只好将手中的莲花瓣抛向江心化成十八条梭船。广济和尚一见，立即抛下禅杖，化成一根大藤，把十八只大船拴住，成为浮桥。这样，人们为纪念仙佛合力造桥的功绩，便把此桥既称为湘子桥，又叫广济桥。